KB219357

오늘, 새롭게 살 수 있는 이유

아낭겔로 ἀναγγέλλω **북스** ─────────────────────────────────

'아낭겔로'는 '선포하다, 알리다'란 뜻의 헬라어로, 우리 삶에 실제적인 능력이 되는 하나님나라의
복음을 선포하고 전하는 이찬수 목사의 로마서 시리즈를 '아낭겔로 북스'로 출간한다.

매일 새롭고 매일 더 풍성한 감격에 빠지다

오늘,
새롭게
살수있는
이유

이찬수

THE REASON
WE LIVE A NEW LIFE

규장

THE REASON
WE LIVE A NEW LIFE

나는 악한 세상에서 나만 슬픔과 괴로움을 피해 다니는,
고통의 무풍지대를 원하지 않는다.

소나기가 막 쏟아지는데
나만 비 한 방울 안 맞겠다는 건 억지 아닌가?
예수 믿는다고 세상의 폭우를 피해갈 수는 없다.
때로는 죄악의 폭우가 쏟아지는 세상 속에서 상처받기도 하고,
때로는 낙심하고, 때로는 마음이 무너지기도 한다.

때로는 사탄의 공격으로 내 기쁨의 샘이 고갈되어
메마른 심령이 될 때도 많다.
하지만 내가 감사하는 것은 그런 고갈의 상태가
오래가지는 않는다는 사실이다.
하나님께서 매 순간 새로운 기쁨으로 다가오시기 때문이다.

그래서 매일,
충만한 기쁨과 새로운 감격으로
오늘을 살아갈 수 있다.

믿음으로
존재가
바뀌다

PART 1

ROMANS

1 그런즉 육신으로 우리 조상인 아브라함이 무엇을 얻었다 하리요 2 만일 아브라함이 행위로써 의롭다 하심을 받았으면 자랑할 것이 있으려니와 하나님 앞에서는 없느니라 3 성경이 무엇을 말하느냐 아브라함이 하나님을 믿으매 그것이 그에게 의로 여겨진 바 되었느니라 4 일하는 자에게는 그 삯이 은혜로 여겨지지 아니하고 보수로 여겨지거니와 5 일을 아니할지라도 경건하지 아니한 자를 의롭다 하시는 이를 믿는 자에게는 그의 믿음을 의로 여기시나니 6 일한 것이 없이 하나님께 의로 여기심을 받는 사람의 복에 대하여 다윗이 말한 바 7 불법이 사함을 받고 죄가 가리어짐을 받는 사람들은 복이 있고 8 주께서 그 죄를 인정하지 아니하실 사람은 복이 있도다 함과 같으니라

로마서 4:1-8

chapter 1

행복의 원천

이신칭의, 반복 또 반복

사도 바울은 로마서 3장 21절부터 '오직 믿음으로 의롭다 함을 얻는다', 즉 '이신칭의'(以信稱義)를 강조하고 있는데, 로마서 4장으로 넘어와서도 아브라함의 예를 들어서 '이신칭의'의 중요성을 다시 강조하고 있다. 바울은 이를 세 파트로 나누어서 강조한다.

첫째, 아브라함은 행위가 아니라 믿음으로 의롭다 함을 받았다 (1,2절). 둘째, 아브라함은 할례가 아니라 믿음으로 의롭다 함을 받았다(9-12절). 셋째, 아브라함은 율법이 아니라 믿음으로 의롭다 함을 받았다(13-17절).

이렇게 바울은 인간의 노력이나 행위가 아니라 오직 믿음으로 구원받았음을 반복해서 강조하고 있는데, 이 중에서 특히 '믿음으로 의롭다 함을 받는다'라는 첫 번째 항목에 초점을 두고 말씀을 살펴보려고 한다. 먼저 살펴볼 말씀은 로마서 4장 1절과 2절이다.

> 그런즉 육신으로 우리 조상인 아브라함이 무엇을 얻었다 하리요 만
> 일 아브라함이 행위로써 의롭다 하심을 받았으면 자랑할 것이 있으
> 려니와 하나님 앞에서는 없느니라 롬 4:1,2

그러면서 3절에서 이런 결론을 내린다.

> 성경이 무엇을 말하느냐 아브라함이 하나님을 믿으매 그것이 그에게
> 의로 여겨진 바 되었느니라 롬 4:3

성경이 이처럼 '오직 믿음으로 의롭다 함을 입는다'는 사실을 강
조하고 있다는 사실을 놓치면 안 된다. 그리고 한 걸음 더 나아가
서 여기서 강조하고 있는 믿음은 어떤 속성을 가졌고, 어떤 부분을
강조하고 있는지를 주의 깊게 살펴야 한다.

하나님이 말씀하시는 믿음이란 무엇인가?

타락, 하나님으로부터의 독립 선언

이 질문에 답하기 위해서는 창세기에 기록된 인간의 타락 과정을
다시 살펴봐야 한다. 나는 창세기에 나오는 아담과 하와의 타락 첫

출발을 한마디로 요약하라고 하면, '하나님으로부터의 독립 선언 시도'라고 말하고 싶다. 하나님으로부터 독립하고자 하는 모든 시도는 다 타락이다. 창세기에서 사탄이 노렸던 공격의 핵심도 여기에서 출발한다.

> 너희가 그것을 먹는 날에는 너희 눈이 밝아져 하나님과 같이 되어 선악을 알 줄 하나님이 아심이니라 창 3:5

'네 눈이 밝아지면 너도 하나님처럼 되는 거야. 하나님처럼 되어서 하나님에게서 독립할 수 있다.'

이것이 사탄의 공격의 핵심이다. 오늘날의 영적인 공격도 결국은 이것이 핵심이다. 이 시대를 포스트모더니즘이라고 하지 않는가? 포스트모더니즘의 강력한 특징을 들라면 절대 권위, 절대자 같이 '절대'라는 단어가 들어가는 것은 다 싫어한다는 것이다.

하나님에 대해서도 마찬가지이다. '왜 하나님만 절대자라고 하느냐? 우리도 노력하면 신이 될 수 있다. 나도 신이 될 수 있고, 너도 신이 될 수 있다'라고 말한다. 이런 생각들을 갖고 있으니 하나님을 향한 '절대 신앙' 자체를 거부한다.

이런 시대를 살고 있는 우리이기에 사탄은 오늘도 절대자 되시는 하나님께 종속되어 살지 말고, 당신도 하나님의 자리로 올라가라고 끊임없이 유혹하고 있다. 이것이 우리의 현실이다.

창세기에서 말하는 인간 타락의 핵심이 하나님의 간섭에서 벗어나서 하나님으로부터 독립하는 것이라고 한다면, 하나님께서 로마서를 통해서 복구하기를 원하시는 '믿음'은 어떤 차원의 믿음일까? 하나님을 향한 잃어버린 신뢰를 회복하는 것, 이것이 믿음이라는 것이다. 지금 로마서 4장에서 바울이 아브라함의 사례를 인용하는 것도 바로 믿음의 이 부분을 강조하기 위한 것이다.

창세기 12장 1,2절을 보자.

여호와께서 아브람에게 이르시되 너는 너의 고향과 친척과 아버지의 집을 떠나 내가 네게 보여 줄 땅으로 가라 내가 너로 큰 민족을 이루고 네게 복을 주어 네 이름을 창대하게 하리니 너는 복이 될지라 창 12:1,2

여기 보면 하나님께서 아브라함에게 요구하시는 게 하나 있고, 그 요구에 순종하면 해주시겠다고 하신 약속이 하나 있다. 하나님이 요구하신 것이 무엇인가? 그동안 네가 의지하던 것들을 다 버리고 여호와 하나님과 함께 미지의 세계로 나아가라는 것이다.

그리고 이런 요구와 함께 하나님께서 주신 약속도 하나 있는데, 그 말씀에 순종하면 큰 민족을 이루게 해주시겠다는 것이다. 그런데 아브라함이 하나님의 약속을 믿기 어려웠던 이유가 있다. 당시 아브라함에게는 자녀가 없었기 때문이다. 아브라함 입장에서 이것이 얼마나 믿기 어려운 약속인지 4절을 보면 알 수 있다.

> 이에 아브람이 여호와의 말씀을 따라갔고 롯도 그와 함께 갔으며 아
> 브람이 하란을 떠날 때에 칠십오 세였더라 창 12:4

여기서 아브라함의 나이를 밝힌 이유가 뭘까? 큰 민족을 이루어
주시겠다는 하나님의 약속이 아브라함 입장에서는 황당하기 짝이
없다는 것을 드러내기 위함이다. 75세라는 나이에 민족의 아비가
되기는커녕 한 아이의 아버지라도 되고 싶었는데, 아쉽게도 아브라
함에게는 자식이 없었다.

하나님께서 아브라함에게 그동안 의지하던 곳, 익숙하던 것들을
뒤로 하고 낯선 곳으로 떠나라는, 순종하기 어려운 요구를 하시면
서 왜 이런 신뢰하기 어려운 약속을 하시는 것일까? 대답은 간단하
다. 하나님께서는 지금 아브라함에게 '믿음'을 요구하고 계시는데,
그 믿음은 '하나님의 존재 자체를 향한 믿음'이다.

상대방이 약속하는 내용이 믿기 어려운 것일수록 상대방의 존재
에 대한 신뢰와 믿음이 요구되는 것 아닌가? 하나님께서 아브라함
에게 던지시는 약속의 말씀도 하나님이라는 존재 자체를 신뢰하지
못하고는 절대 수용할 수 없는 고난도의 시험이다.

때로는 우리의 신앙생활이 '하나님의 존재 그 자체'보다는 '하나
님께서 주실 어떤 것'에다 초점을 둘 때가 많음을 느낀다. 초점이

옮겨져야 한다. 신앙생활하는 우리의 관심이 오직 '하나님이라는 존재 자체'에 맞추어져야 한다. 하나님은 오늘도 예수 믿는 우리에게 이런 차원의 믿음을 원하신다.

이 믿음이 우리에게 있는가?

아브라함이 가진 믿음의 귀함이 바로 여기에 있다. 아브라함은 약속의 주체이신 하나님을 신뢰하지 않고는 결코 믿을 수 없는 약속의 말씀을 붙들고 순종의 자리로 나아갔다.

이에 아브람이 여호와의 말씀을 따라갔고 창 12:4

이처럼 아브라함은 하나님의 존재 자체를 온전히 신뢰하는 믿음을 가지고 과감하게 익숙하던 고향과 친척과 아버지의 집을 떠났다. 창세기 15장을 보면 아브라함의 믿음을 한 번 더 볼 수 있다.

그를 이끌고 밖으로 나가 이르시되 하늘을 우러러 뭇별을 셀 수 있나 보라 또 그에게 이르시되 네 자손이 이와 같으리라 아브람이 여호와를 믿으니 여호와께서 이를 그의 의로 여기시고 창 15:5,6

로마서 4장 3절에서 바울이 인용하는 구약의 말씀이 바로 이 창세기 15장 5,6절 말씀이다. 다시 강조하지만, 우리가 목표로 해야할 믿음은 바로 이런 차원의 믿음이다. 하나님과의 온전한 관계 회복, 하나님 존재에 대한 온전한 신뢰와 믿음의 회복, 이것을 우리 신앙생활의 목표로 삼고 기도하자.

내 꿈을 뛰어넘는 하나님의 이끄심

나는 이 말씀을 묵상하다가 가슴이 뜨거워졌다. 아브라함이 하나님을 신뢰하며 온전히 하나님 말씀에 순종하며 나아갔더니 그의 삶에 놀랍고도 새로운 삶이 펼쳐지기 시작했기 때문이다. 아브라함이 자기 스스로 자기 인생을 계획하고, 자기 힘으로 자기 인생을 영위했을 때는 상상도 할 수 없던 놀라운 일들이 펼쳐지기 시작했다. 그리고 아브라함의 존재는 수천 년이 지난 오늘날까지 수많은 사람들이 흠모하는 인물로 자리매김하게 되었다.

내 가슴이 뜨거워진 것은, 아브라함이 하나님의 존재를 신뢰하며 순종했더니 일어났던 놀랍고도 역동적인 일들이 부족한 나의 삶에서도 일어나고 있었음을 깨달았기 때문이다. 아브라함을 향한 하나님의 은혜의 법칙이 부족한 내 삶에도 그대로 적용되고 있다니, 가슴이 뜨거워지지 않을 수 있겠는가?

미국 시카고에서 작은 사업을 시작한 스물아홉 살 청년에게 어느날 하나님의 말씀이 임했다. 한국에서 날아온 교포 신문에서 너무나 힘들어하는 청소년들의 모습이 담긴 사진 한 장을 보는 순간 하나님이 뜬금없이 소명을 주셨다.

'한국으로 돌아가라. 한국으로 가서 힘들어하는 청소년들을 섬겨라.'

당시 나의 상황으로는 정말 순종하기 어려운 명령이었다. 난 오남매 중의 막내이다. 결혼도 하지 않은 막내가 갑자기 혼자서 역이민하여 한국으로 돌아가겠다는 것을 허락할 가족은 아무도 없었다. 더군다나 그때는 사업을 시작한 지 얼마 되지 않던 상황이었다. 내 돈으로 시작한 사업도 아니었다. 누나 셋이 곗돈 타서 눈물로 투자해준 돈에다가 형님 집을 담보로 잡고 은행 빚을 얻어서 시작한 사업이었다. 석 달 동안 적자였다가 이제 겨우 흑자로 돌아서려는 그 시점에 뜬금없이 한국으로 돌아가야 한다니.

이리저리 계산하느라 머리 복잡했으면 절대로 한국에 못 돌아왔을 것이다. 순종할 수 있는 힘을 주시는 분도 하나님이시다. 하나님께서는 그 문제를 놓고 생각을 복잡하게 하지 않도록 나를 잘 인도해주셨다. 그래서 나는, 지금 생각해도 신기할 정도로 단순한 마음으로 순종하기로 했다. 귀국하던 날 어디에서 하룻밤을 머물러야 할지도 계산하지 않고 무작정 귀국했다. 그랬는데 그 이후의 나의 삶을 되돌아보면 자로 잰 듯한 하나님의 인도하심이 있었다.

내 평생에 가장 큰 감사 중 하나는 내 인생의 진로를 바꾸는 그 중요한 순간에 무모할 정도로 단순하게 생각할 수 있도록 도와주신 하나님의 인도하심이다. 이렇게 생각이 단순했기 때문에 의지할 사람 한 명 없는 서울로 올 수 있었다.

이 말씀을 묵상하다가 가슴이 뜨거워졌던 이유가 또 하나 있다. 내가 계획했던 내 인생은 마흔 살까지 미국에서 돈을 왕창 벌어서 그 돈을 가지고 한국에서 보육원과 양로원을 차리는 것이었다. 보육원 하나, 양로원 하나. 그게 당시 젊은 내 인생의 꿈이요 목표였는데, 하나님께서는 젊은 날의 나의 계획을 수정해주셨다. 그래서 대책 없이 조기에 한국으로 귀국했고, 10년 간의 청소년 사역을 거쳐서 분당우리교회를 개척하게 하셨다. 진로가 완전히 바뀐 것이다.

그런데 지금 와서 돌아보니까 젊은 시절에 내가 꿈꾸던 복지사업도 차질 없이 그대로 이룰 수 있었다는 것이다. 분당우리교회를 통해서 장애인 사역을 비롯하여 여러 풍성한 복지사업을 펼칠 수 있도록 은혜를 주셨다. 아브라함 인생에 개입하신 이후로, 이전에는 상상할 수 없었던 놀라운 일들을 펼쳐나가신 하나님의 일하심의 원리가 작고 초라한 나의 삶에서도 똑같은 원리로 이루어진 것이다. 이것이 나에게 큰 감동을 주었다.

"능히 모든 성도와 함께 지식에 넘치는 그리스도의 사랑을 알고 그 너비와 길이와 높이와 깊이가 어떠함을 깨달아 하나님의 모든 충만하신 것으로 너희에게 충만하게 하시기를 구하노라"(엡 3:18,19).

우리 모두에게 이 충만이 넘치게 되기를 바란다. 특히 하나님의 존재를 신뢰하며 순종의 길을 걷는 모든 이에게 하나님의 풍성한 은혜가 임하기 바란다. 또 그 깊은 은혜의 풍성함을 맛볼 수 있기 바란다. 아브라함이 인간적인 눈으로 보기엔 순종하기 어려운 당황스러운 요구에 순종했기에 상상할 수 없던 놀라운 은혜와 역사를 경험할 수 있었던 것처럼 말이다.

달라진 자랑의 내용

이처럼 하나님을 신뢰하는 자들이 누리는 풍성한 은혜를 경험한 자들에게는 강력한 특징이 있다. 추구하는 것이 달라진다는 것이다. 가치 기준이 달라지기 때문이다. 그리고 추구하는 것이 달라졌기 때문에 따라오는 삶의 태도 변화를 경험하게 된다.

본문 말씀을 통해서 이 부분에 대해 살펴보려고 하는데, 크게 두 가지로 정리해보았다.

첫째로, 자기 행위를 자랑하는 것이 아니라 '은혜를 자랑하는 삶의 태도'를 갖게 된다.

일하는 자에게는 그 삯이 은혜로 여겨지지 아니하고 보수로 여겨지거니와 일을 아니할지라도 경건하지 아니한 자를 의롭다 하시는 이를 믿는 자에게는 그의 믿음을 의로 여기시나니 롬 4:4,5

아브라함이 어떤 행위로서가 아니라 하나님을 믿고 신뢰했기 때문에 의롭다 함을 받았다는 사실을 강조하는 말씀인데, 이 믿음 자체가 하나님께서 주시는 선물이라는 것이다. 그렇기 때문에 하나님의 존재에 대한 믿음을 가진 자들은 자신의 선행을 자랑하는 것이 아니라 자격 없는 자에게 주시는 하나님의 은혜를 자랑하게 되는 것이다.

바울이 이것을 강조하면서, 이런 삶이 어떻게 가능한지를 다윗이란 인물을 예로 들어서 설명한다.

일한 것이 없이 하나님께 의로 여기심을 받는 사람의 복에 대하여 다윗이 말한 바 불법이 사함을 받고 죄가 가리어짐을 받는 사람들은 복이 있고 주께서 그 죄를 인정하지 아니하실 사람은 복이 있도다 함과 같으니라 롬 4:6-8

이 말씀은 다윗이 쓴 시편 32편 1,2절을 바울이 인용한 것이다.

허물의 사함을 받고 자신의 죄가 가려진 자는 복이 있도다 마음에 간사함이 없고 여호와께 정죄를 당하지 아니하는 자는 복이 있도다 시 32:1,2

다윗이 무슨 정황에서 이 시를 썼는가 하면, 왕이 되어 교만해진 다윗이 유부녀 밧세바를 성적으로 범했다. 그러고도 모자라 밧세바가 임신을 하자 충성스러운 자기 신하, 그 여자의 남편을 음모를 꾸며서 죽인다. 그런 천인공노할 짓을 저지르고도 그게 죄인 줄 몰랐던 게 다윗이었다. 그런 파렴치한 다윗에게 하나님은 나단 선지자를 보내서 그것이 얼마나 무서운 죄인가를 자각하게 하셨다.

그 자각을 통해 자신의 죄를 깨닫고 억장이 무너진 다윗이 가슴을 쥐어뜯으며 회개의 자리로 나아가자, 하나님은 그를 용서해주시고 새로운 기회를 주셨다. 그 하나님의 용서, 그 은혜에 감격해서 쓴 시가 시편 32편이다.

바울은 오직 믿음으로 의롭다 함을 얻는다고 하는 '이신칭의'를 주장하면서 왜 이 사례를 드는 것일까? 아브라함이 자기 공로가 아니라 믿음으로 의를 얻을 수 있었던 것이 하나님께서 베푸신 은혜로 가능했던 것처럼, 다윗이 용서받을 수 있었던 것도 자격 없는 자에게 임한 하나님의 은혜 때문이었고, 그것이 감사와 감격을 가져왔다는 것이다. '이신칭의', 곧 자격이 없음에도 믿음으로 의롭다 함을 입은 자들이 누리는 감격이 무엇인가? 다윗이 가졌던 그 기쁨, 나는 죽어 마땅한 인간인데 하나님이 은혜로 나를 구원해주셔서 다시 한 번 기회를 주셨기에 내가 이 자리에 있다는 그 기쁨을 누리며 살 수 있게 되는 것이다.

바울이 다윗의 예를 인용한 것은, 자기 삶이 이 감격으로 넘쳤기 때문이다.

목회하면서 종종 내가 되뇌는 성경 구절이 몇 구절 있는데, 그중에 하나가 바울의 감격이 가득한 고린도전서 15장 말씀이다.

내가 받은 것을 먼저 너희에게 전하였노니 이는 성경대로 그리스도께서 우리 죄를 위하여 죽으시고 장사 지낸 바 되셨다가 성경대로 사흘 만에 다시 살아나사 게바에게 보이시고 후에 열두 제자에게와 그 후에 오백여 형제에게 일시에 보이셨나니 그 중에 지금까지 대다수는 살아 있고 어떤 사람은 잠들었으며 그 후에 야고보에게 보이셨으며 그 후에 모든 사도에게와 맨 나중에 만삭되지 못하여 난 자 같은 내게도 보이셨느니라 고전 15:3-8

바울은 자기를 묘사하면서 왜 '만삭되지 못한 자'라는 표현을 쓰는 걸까? 자기 자신을 왜 이렇게까지 비하하는가? 그 이유가 다음에 나온다.

나는 사도 중에 가장 작은 자라 나는 하나님의 교회를 박해하였으므로 사도라 칭함 받기를 감당하지 못할 자니라 그러나 내가 나 된 것은 하나님의 은혜로 된 것이니 내게 주신 그의 은혜가 헛되지 아니하여 내가 모든 사도보다 더 많이 수고하였으나 내가 한 것이 아니요 오직 나와 함께 하신 하나님의 은혜로라 고전 15:9,10

바울이 바로 이런 감격을 가지고 살았기에 자기 권리를 주장하는 것에 에너지를 쏟지 않을 수 있었다. 바울은 그런 권리 주장 대신에 자신이 받은 은혜에 대한 감격으로 넘쳤다. '나는 자격 없는 인간인데…. 만삭되지 못한 자 같은 인생인데…', 이런 생각이 바울을 겸손의 사람으로 만들 수 있었다. 그랬기에 바울의 인생에는 억울함이란 게 없었다.

사실, 바울을 모함하는 사람도 많았다. 심지어는 같은 동역자 중에 질투심 때문에 바울을 곤란하게 만들려고 복음에 열심을 낸 사람도 있었다고 하는데, 놀랍게도 바울은 그런 것으로 인한 상처가 전혀 없었다. 자격 없는 자신에게 거저 주신 은혜의 감격이 컸기 때문이다. 그런데 우리는 왜 이렇게 상처를 잘 받는 걸까?

내가 억울할 수 없는 이유

이 본문을 묵상하며 설교를 준비하던 즈음, 토요일 저녁이었다. 저녁 먹고 일곱 시 조금 넘어가는데 잠이 막 쏟아졌다. 왜 그랬는지 모르겠다. 자다 깨기를 반복하다가 새벽 열두 시 반에 눈이 떠졌다. 원래는 새벽 세 시에 알람을 맞춰놓는데, 그날은 일찍 눈이 떠져 일어난 김에 설교 준비를 했다.

설교 준비를 마무리하고 나니 한 시간 정도 남아서 잠깐이라도 눈을 붙이자는 생각에 알람을 맞춰놓고 다시 침대로 들어갔다. 그런데 그 짧은 시간 동안 꿈인지 실제인지 모를 정도로 생생하게 꿈을 꾸었는데, 식은땀이 흐를 정도로 끔찍한 악몽이었다. 이십 대 때부터 지금에 이르기까지 들키지 않은 수많은 죄악이 마치 내가 생시에 경험했던 걸 되짚는 것처럼 꿈에 나타났다.

다 잊고 있었는데, 이제 목사 노릇 하면서 그게 다 덮인 줄 알았는데, 가슴이 벌렁벌렁했다. 하나님이 뭔가 일을 하신 거였다. 제대로 설교할 수 있도록. 내가 자격이 있어서 목사 노릇하는 게 아니란 것을 다시 한번 알려주신 것이다. 내 공로, 내 의지, 내가 받을 삯이 있어서 목사로 살아가는 게 아니란 것을 일깨워주신 것이다. 그날의 그 꿈은 나의 자격 없음을 철저히 자각하고 설교하라는 하나님의 메시지였다.

그 새벽에 내가 잊고 있었던 수많은 죄, 내가 저질렀던 크고 작은 죄들, 머리에서 지우고 싶었던 젊은 시절의 부끄러운 기억들을 다 떠올리고 나니까 바울의 이 정신만 남았다. 만삭되지 못한 자 같은 내가, 자격을 잃어도 열두 번도 더 잃어야 옳은 상태였던 내가 무슨 삯을 요구할 수 있단 말인가!

시대가 힘들고 복잡하다 보니, 이 시대에 목사로 살아가는 것은 생각보다 힘들다. 모함도 당하고, 하지도 않은 걸 했다고 하며 이상한 공격도 당한다. 그런데도 나는 마음의 타격을 많이 받지 않는다. 이런 복잡한 일들이 끊임없이 일어나는 상황임에도 어떻게 내 정신이 이렇게 건강할 수 있는지 아는가? 그런 억울한 일들에 대해 별로 억울하다는 생각을 하지 않기 때문이다.

나의 삶에는 기본적으로 아브라함이 누렸던 '이신칭의'의 은혜가 있다. 자격 없는 자에게 주신 하나님 은혜에 대한 감격이 나의 삶을 지배하고 있다. 뿐만 아니라 나의 삶에는 다윗이 가지고 있던 용서 받은 자가 가진 감격도 있다.

사실, 나 나름의 계산법이 있다. 내가 하지도 않은 일을 했다고 모함하는 억울한 모함을 당할 때마다 생각한다. 이처럼 하지 않은 일에 대해 모함당하는 것보다는, 했지만 들키지 않은 것이 훨씬 더 많다는 생각이다. 그렇기에 나는 이런 일로 억울해하면 안 된다는 생각을 하곤 한다. 그리고 이런 생각의 밑바탕에는 용서함 받은 자가 갖고 있는 감사가 자리 잡고 있다.

내가 설교 중에 이런 말을 하면 아내가 걱정을 한다. 맨날 그렇게 설교하다가 성도들이 내가 죽을죄라도 지은 것으로 과장해서 상상 하면 어떻게 하냐고. 그러면 나는 그냥 웃고 만다. 성도들이 무엇을 상상하든, 내가 들키지 않은 죄, 하나님 앞에 용서받은 죄는 그 이상이다. 그리고 이런 말을 공개적으로 할 수 있는 이유는 나의 설교를 듣는 성도들도 나와 같은 처지에 있음을 확신하기 때문이다. 죄성을 가진 우리 모두는 어떤 경우에도 억울해할 수 없다고 생각 한다.

자기 공로를 의지해서 사는 사람들이 누리지 못하는 행복이 무엇인가? 자격 없는 자에게 주시는 하나님 은혜에 대한 감격, 이것을 누리지 못한다. 바울이 로마서 4장에서 오직 믿음으로 의롭다 함을 얻는다는 '이신칭의'를 강조하면서 다윗의 사례를 드는 것은, 우리가 믿음을 통해 바로 이 감격을 회복하기를 원했기 때문이다.

"주께서 그 죄를 인정하지 아니하실 사람은 복이 있도다 함과 같으니라."

하나님은 우리 모두가 이 감격을 회복하기를 원하신다. 이 감격을 가지고 살면 마음에 감사와 행복이 찾아온다. 그리고 타인이 가진 약점에 대해서 정죄하기보다는 관대한 태도를 보인다.

감사와 자족을 회복하는 삶

둘째로, 추구하는 것이 달라졌기에 따라오는 삶의 변화는 '감사와 자족'을 회복하는 삶을 살게 된다는 것이다.

용서함 받은 다윗의 사례를 들어 설명하고 있는 로마서 4장 6절부터 8절까지 말씀을 '현대인의 성경'으로 다시 보자.

"이처럼 공로가 없어도 하나님이 의롭다고 인정해 주는 사람의 행복에 대해서 다윗은 이렇게 말하고 있습니다. '잘못을 용서받고 하나님이 죄를 덮어 주신 사람은 행복하다! 주께서 그 죄를 인정하지 않는 사람도 행복하다.'"(롬 4:6-8, 현대인의 성경).

이 말씀을 읽으니 신명기에서 모세가 했던 행복한 고백이 생각났다.

이스라엘이여 너는 행복한 사람이로다 여호와의 구원을 너같이 얻은
백성이 누구냐 신 33:29

자기 인생을 마무리하는 시점에서 모세처럼 이런 행복을 노래할
수 있다는 것이 얼마나 부러운 일인가? 특히 자기 존재 자체에 대하
여 이런 긍지를 가지고 행복해할 수 있다면 무엇이 부럽겠는가?

이 구절을 읽는데 미국에 있는 누나에게 들었던 이야기 하나가 생
각났다. 누나가 출석하는 교회의 장로님 부부가 토끼를 기르려고
시장에 가서 35불 주고 토끼를 한 마리 샀다고 한다. 토끼를 사서
기르는데, 어느 날 밤 이 토끼가 의자 위에서 뛰어내리다가 다리를
다쳤다. 토끼가 관절이 약하다 보니 그만 다리가 부러진 것이다.

다친 토끼를 보고 장로님 부부는 어떻게 했을까? 다친 토끼가 거
추장스럽다며 내다 버리고 새로 35불 주고 다른 토끼를 사 오지 않
았다. 장로님 부부는 그 길로 동물 병원 응급실로 뛰어갔다. 긴급
수술을 하고 깁스를 해주고 입원을 시켰는데 수술비, 입원비를 포
함해서 치료비가 3천 불이 들었다고 한다.

객관적인 팩트만 놓고 보자면 이 장로님 부부가 보인 행동은 도
무지 이해가 가지 않는다. 35불 주고 산 토끼를 3천 불 넘게 들여서
치료해주다니. 그런데 그렇게 말할 수 없는 이유가 무엇인가? 처음
에 35불 주고 토끼를 살 때 이 토끼는 35불짜리 토끼였다. 그런데
토끼에게 장로님 부부가 관계 맺음으로 의미를 부여하니까 그 토끼

는 더 이상 35불짜리 토끼가 아니었다.

이것은 우리도 마찬가지이다. 예수 그리스도의 십자가를 통해서 얻게 된 하나님의 자녀라는 신분, 우리가 이 존재의 귀함을 자각하지 못하는 것은 은혜를 모르기 때문이다. 35불짜리 토끼의 다리를 고쳐주려고 3천 불을 들이는, 이 말도 안 되고 믿기지 않는 행동이 사랑이다. 자격 잃은 우리 인생을 위해 예수 그리스도께서 인간의 몸을 입고 오셔서 십자가를 지셨다. 목숨을 내어주셨다. 믿기지 않는 게 당연하다. 경제 논리만 가진 사람에게 어떤 사람이 35불짜리 토끼를 치료해주겠다고 3천 불을 썼다고 하면 믿겠는가? 사랑을 안 해본 사람은 믿을 수 없는 일이다.

하나님의 사랑은 35불짜리 인생에 3천 불 들여서 살려주는 정도가 아니다. 하나님의 존재 자체를 내어주셔서 새로운 인생으로 만들어주셨다. 그래서 우리가 새로운 피조물이 되었다. 존재의 귀함을 자각하고 나면 오늘의 현실이 초라해도, 살면서 이런저런 어려움에 부닥쳐도 그것 때문에 낙심하지 않는다. 오히려 모세처럼 늘 나는 행복한 사람이라고 노래할 수 있게 된다.

존재가 바뀌니 해석이 바뀌었다

앞에서 얘기했듯이 나는 서른 살 때 하나님이 소명을 주셔서 이민 가방 두 개 달랑 들고 혼자서 한국으로 되돌아왔다. 그리고 신학교에 입학했다. 아무 대책 없이 무턱대고 귀국했기 때문에 당장 기거할 곳이 마땅하지 않았다. 그래서 고생을 좀 했다.

특히 귀국 첫해 여름은 나에게 큰 추억으로 남아 있다. 신학대학원에 입학한 후에 첫 방학을 맞았는데, 하나님께서 내 마음에 이런 생각을 주셨다.

'나는 목사가 될 사람이니까 경제적으로 어려운 성도들의 상황과 삶도 알아야 한다!'

이런 생각을 가지고 그해 여름방학 내내 나의 모 교회 복도에서 보냈다. 폭이 좁은 3층에서 4층으로 올라가는 평평한 곳에 돗자리를 깔고 거기서 귀국 첫 여름을 보냈다. 노숙자처럼 여름을 보낸 것이다. 그런데 하나도 서글프지 않았다. 내 존재에 대한 해석이 달라졌기 때문이다. 나는 더 이상 35불짜리 토끼 같은 인생이 아니었다. 내 다리가 부러지면 3천 불을 들여서라도 고쳐주시는 하나님과 관계 맺은 인생이었다. 더군다나 목사가 될 사람으로서 어려운 형편의 성도들의 애환을 겪기 위해 자초한 일이니 조금 불편하기는 했어도 서글프지는 않았다.

지금도 나는 30년도 더 지난 나의 젊었던 그 시절을 떠올리곤 한다. 당시에 나는 은혜에 대한 감격이 있었고, 그 감격의 힘이 나를 청소년들을 섬기는 목회자가 되기 위해 귀국하게 만들었다. 그리고 귀국 첫해 내내 내 마음에는 자격 없는 자에게 주시는 은혜에 대한 감격으로 벅차 올랐다. 그랬더니 교회 복도에서 생활하는 불편하고 초라한 생활조차도 기쁨과 감격이 되었다.

오늘날 왜 이렇게 많은 이들이 자꾸 열등감에 빠지는가? 자기 존재를 모르고 있기 때문이다. 여전히 자신을 시장에 내다 파는 35불짜리 토끼처럼 생각하는 것 아닌가? 우리가 그 정도밖에 안 되는가? 아니다. 우리는 예수 그리스도께서 자신의 존재 전체를 내어주시고 구해주신 존귀한 존재이다. 이 은혜, 자격 없는 자에게 주시는 하나님의 '이신칭의'의 은혜에 대한 감격을 회복해야 한다.

우리에게 이 감격이 있는지를 점검해야 한다. 우리 삶에서 반드시 회복해야 할 감격과 감사가 바로 이것이다. 35불짜리 토끼 같은 우리 인생을 위해 십자가에서 자신의 존재를 내어주신 예수 그리스도의 십자가로 말미암아 내가 존귀한 하나님의 형상을 지닌 하나님의 사람이 되었다는 감격으로 덩실덩실 춤을 출 수 있는 그 기쁨이 우리에게 회복되기를 바란다. 내 형편이 어렵다고, 삶의 현실이 벅차다고 안달복달하며 사는 것은 이 은혜와 감격을 알지 못하기 때문이다. 우리가 다 십자가 앞에서 이신칭의의 그 놀라운 감격으로 회복되는 은혜가 있기를 바란다.

너희는 그 은혜에 의하여 믿음으로 말미암아 구원을 받았으니 이것은 너희에게서 난 것이 아니요 하나님의 선물이라 엡 2:8

18 아브라함이 바랄 수 없는 중에 바라고 믿었으니 이는 네 후손이 이같으리라 하신 말씀대로 많은 민족의 조상이 되게 하려 하심이라 19 그가 백 세나 되어 자기 몸이 죽은 것 같고 사라의 태가 죽은 것 같음을 알고도 믿음이 약하여지지 아니하고 20 믿음이 없어 하나님의 약속을 의심하지 않고 믿음으로 견고하여져서 하나님께 영광을 돌리며 21 약속하신 그것을 또한 능히 이루실 줄을 확신하였으니 22 그러므로 그것이 그에게 의로 여겨졌느니라 23 그에게 의로 여겨졌다 기록된 것은 아브라함만 위한 것이 아니요 24 의로 여기심을 받을 우리도 위함이니 곧 예수 우리 주를 죽은 자 가운데서 살리신 이를 믿는 자니라 25 예수는 우리가 범죄한 것 때문에 내줌이 되고 또한 우리를 의롭다 하시기 위하여 살아나셨느니라   로마서 4:18-25

chapter 2

믿음으로 견딘 세월

이래도 깨지고, 저래도 깨지고

예전에 방영됐던 〈진짜 사나이〉 여군 특집 편을 인터넷으로 본 적이 있다. 아주 가냘픈 여자 연예인 몇 명이 군대에서 혹독한 훈련을 받는 과정을 담은 프로그램이었다. 훈련하는 조교들이 얼마나 혹독하게 훈련을 시키는지, 연예인이라고 봐주는 게 없었다. 연예 프로그램인데 저렇게까지 가혹하게 다루어도 괜찮나 하는 생각이 들 정도로 무지막지하게 대했다. 그러니 체력도 약하고 규칙적인 생활을 하지 않던 여자 연예인들 입장에서 가혹하고 엄격한 군대 훈련 생활이 얼마나 힘들었겠는가?

프로그램에 출연하는 모든 연예인들이 다 힘든 상황에 빠져 있었지만, 그중에서도 유난히 눈에 띄는 여배우가 있었다. 그는 엄한 군대 훈련에 적응하지 못한 상태였다. 이러면 이런다고 야단맞고 저러면 저런다고 꾸중을 듣고. 계속 그러니까 그 여배우는 정신이 혼미해져서 계속 울었다. 저녁에 잠자리 들면서도 눈이 붓도록 울고, 훈련받다가도 울고. 왜 그렇게 우느냐고 물으니까 적응을 못 하는 자기 자신도 밉고, 또 그 조교도 너무 야속하고 서러워서 울었다는 것이다.

그 여배우뿐만이 아니었다. 모두가 힘들어했다. 어떤 야무진 탤런트는 이 프로그램에 참여하기 직전에 가진 인터뷰에서 이 과정이 힘들다는 사실을 알고서 미리 대비하기 위하여 체력을 보강해 왔다고 한다. 등산도 하고 동네 헬스장에서 운동하면서 몸을 만들었다며 자신 있게 인터뷰했는데, 웬걸 역부족이었다. 그 정도 준비해서는 안 되는 것이었다. 그러니 참여하는 여자 연예인들이 하나같이 힘든 시간을 보냈다. 잘하고 싶은데 잘할 수 없어서 힘들어하는 모습을 처음에는 재미있어서 봤는데, 몇 번 보다가 문득 이런 생각이 들었다.

'체력도 약하고 훈련도 안 돼 있고 잘하려고 아무리 애써도 역부족인 저 여배우들의 모습이 오늘 이 시대를 살아내는 예수 믿는 우리들의 모습 아닌가?'

그 생각이 드니까 갑자기 눈물이 핑 돌았다. 그리고 고생하는 많은 성도들의 모습도 떠올랐다. 그리고 이런 생각이 고생하는 청년들에게로 옮겨갔다. 나의 세 자녀를 포함해서 고생 모르고 곱게 자라다가 대학교를 졸업하면서 맞닥뜨리게 되는 현실 세계가 그들 입장에서는 너무 버겁다. 취직도 안 돼, 결혼도 쉽지 않아, 그리고 결혼할 사람이 있어도 살 집을 구할 수 없어서 결혼 못 하는 젊은이들이 생각보다 많다고 한다. 이런 생각을 하다 보니 그 프로그램을 보다가 순간순간 눈물이 났다.

그러다 나의 생각이 현실 교회로 미쳤다.

'현실이 너무 힘들어 적응하지 못하는 저 여자 연예인들의 모습이 바로 한국 교회의 모습 아닌가. 이래도 깨지고 저래도 깨지고. 모두들 잘해 보려고 애쓰는데 잘할 수 없어서 지쳐 있는 한국 교회!'

내가 목사다 보니, 많은 목사님들을 만나게 되는데 순수하고 열정 넘치는 분들이 많다. 교회를 제대로 섬겨보고 싶은 열망을 가졌고 정말 교회가 부흥하기를 원하는 그들이지만, 그들 대부분이 지쳐 있는 현실이다. 어디서부터 손을 써야 할지 모르겠다고 막막해하는 목회자들이 많다.

약속의 땅에 들어갔는데, 오히려 고난

내가 본문 말씀을 묵상하다가 왜 〈진짜 사나이〉 여군 특집이라는 TV 프로그램이 불쑥 생각났을까? 지금 바울은 로마서 4장에서 아브라함을 인용하고 있다. 여기서 인용한 아브라함과 관련된 말씀은 창세기 15장이 그 배경이다. 이때의 아브라함은 어떤 상황이었는가?

여호와께서 아브람에게 이르시되 너는 너의 고향과 친척과 아버지의 집을 떠나 내가 네게 보여 줄 땅으로 가라 내가 너로 큰 민족을 이루고 네게 복을 주어 네 이름을 창대하게 하리니 너는 복이 될지라 창 12:1,2

이때, 아브라함이 하나님으로부터 처음 약속의 말씀을 받았을 때가 일흔다섯 살이었다고 했다. 그런데 본문을 보라.

그가 백 세나 되어 자기 몸이 죽은 것 같고 사라의 태가 죽은 것 같음을 알고도 믿음이 약하여지지 아니하고 롬 4:19

세상에, 약속을 받은 지 25년의 세월이 흐를 동안 하나님의 약속은 이뤄지지 않은 상황인데, 아내는 이미 나이 들어서 아기를 낳을 수 없는 상태였다. 우리야 결과를 아니까 '아브라함이 결국은 믿음으로 승리했다'라고 말하지만, 그 긴 세월 동안 아브라함이 겪어야 했을 마음고생이 어땠을지 상상이 가지 않는다.

아기가 안 생긴 것만 가지고 마음고생한 것도 아니었다. 창세기 14장을 보면 엄청난 사건에 휘말린다. 아브라함이 하나님의 말씀 하나만 믿고 정든 고향을 떠나 약속의 땅이라고 하는 가나안으로 들어갔는데, 15장에 보면 거기서 큰 낭패를 당한다.

가나안 원주민 부족들 간에 전쟁이 일어나는데, 그 와중에 조카 롯이 포로로 끌려간 것이다. 약속의 땅이라고 해서 왔는데, 이런 난

감한 일이 어디 있는가?

어찌어찌하여 끌려간 롯을 구하기는 했지만, 아브라함 입장에서는 너무나 두려운 상황이었다. 아무런 기반도 없는 낯선 땅 가나안에서 전쟁에 휘말렸으니, 그 부족들이 다시 전쟁을 일으켜 쳐들어오기라도 한다면 의지할 데 없는 아브라함은 바로 죽은 목숨 아닌가? 오죽하면 그 상황에서 하나님이 아브라함에게 임하셔서 주신 첫 마디가 무엇이었는가?

이후에 여호와의 말씀이 환상 중에 아브람에게 임하여 이르시되 아브람아 두려워하지 말라 나는 네 방패요 너의 지극히 큰 상급이니라

창 15:1

아브라함이 얼마나 두려워 떨고 있었으면 하나님이 임하시자마자 '내가 네 방패가 되어주마' 이 말씀부터 주셨겠는가? 적이 달려들 때 방패 삼을 게 하나도 없는 상황, 그 절망적인 상황에 맞닥뜨린 아브라함에게 하나님이 직접 자신이 방패가 되어주시겠다는 것이다.

이 본문을 묵상하다 문득, 평상시에 우아한 모습을 뽐내던 여자 연예인들의 초라해진 모습, 혹독한 군인 훈련으로 지쳐 있는 자신들의 모습, 더군다나 왜 그 모양이냐고 맨날 꾸중 듣고 깨지고, 그런 자신이 미워서 눈물짓던 여자 연예인들의 모습과 본문의 아브라

함의 모습이 오버랩이 되었다. 극심한 훈련이 시작되기 전인 프로그램 초반에 당당한 군인이 되겠노라 인터뷰했던 자신만만한 모습은 어디로 가고 매일 힘들어하고 울고 두려워하는 모습이, 꼭 하나님의 말씀에 의지하여 약속의 땅에 들어갔지만 하나님의 약속은 여전히 이루어지지 않고 생각지도 못한 전쟁에 휘말려 두려움에 떠는 아브라함의 모습과 겹쳐 보였기 때문이다. 그리고 바로 이 모습이 오늘날 예수 믿는 우리의 모습을 보는 것 같았다.

하나님이 의로 여기신 아브라함의 믿음

아브라함의 사례를 인용하고 있는 바울은 로마서 4장 23,24절에서 이렇게 말한다.

그에게 의로 여겨졌다 기록된 것은 아브라함만 위한 것이 아니요 의로 여기심을 받을 우리도 위함이니 롬 4:23,24

무슨 뜻인가? '너희들도 아브라함처럼 두렵고 어려운 환경에서 살아가게 될 텐데, 아브라함을 보면서 네가 삶의 모범을 취하게 하기 위해 이 말씀을 기록하고 있다'는 말씀 아닌가?

자, 이런 맥락에서 로마서 1장부터 지금까지의 그림을 그려보자.

내가 복음을 부끄러워하지 아니하노니 이 복음은 모든 믿는 자에게 구원을 주시는 하나님의 능력이 됨이라 먼저는 유대인에게요 그리고 헬라인에게로다 복음에는 하나님의 의가 나타나서 믿음으로 믿음에 이르게 하나니 기록된 바 오직 의인은 믿음으로 말미암아 살리라 함과 같으니라 롬 1:16,17

바울이 로마서 1장 16절에서 "복음은 모든 믿는 자에게 구원을 주시는 하나님의 능력"이라는 큰 전제를 선포하고 나서, 치명적인 죄성으로 이러지도 저러지도 못하는 절망에 빠져 있던 인간을 향해 '네 행위를 상징하는 율법으로는 못 헤어 나온다. 오직 은혜, 예수 그리스도를 믿는 믿음이 너를 의롭게 만들어줄 것이다'라는 걸 피력한다. 그러면서 왜 로마서 4장에 이르러 창세기 15장의 아브라함의 이야기를 꺼냈겠는가?

〈진짜 사나이〉에 나와 밤마다 눈물짓던 여자 연예인처럼, 힘든 인생길을 걸어가기에는 너무나 역부족인 우리의 현실. 이럴 수도 없고 저럴 수도 없고, 이래도 깨지고 저래도 깨지는 인생길 가운데 우리가 취할 수 있는 것은 두 갈래 길이 있다.

'하나님이고 뭐고 믿을 존재가 없다. 기도해도 응답은 이루어지지 않는다. 나는 이제 누구도 믿지 않겠다. 나는 나만 믿겠다'라며 자기 생각대로 사는 길이 하나 있고, 아무리 하나님의 약속이 이루어질 것 같지 않아도 아브라함처럼 끝까지 하나님을 신뢰하며 하나님을 의지하는 길이 있는데, 하나님은 후자의 길로 걸어가는 자들을 의롭게 여기신다.

우리 인생길 가운데 난관이 찾아오고 어려움이 찾아올 때, '나는 하나님이 택하신 하나님의 백성이다. 창세기 12장에서 하나님이 주신 약속, 그 약속이 이뤄지기 전까지 나는 결코 망하지 않는다. 나는 반드시 이 어려움을 이겨낼 수 있다. 나는 하나님의 약속을 믿기 때문이다'라는 이 믿음이 작동되는 그런 인생을 살라는 말씀 아닌가? 하나님은 그것을 의로 보신다!

이런 차원에서 우리가 어떤 믿음을 가지고 인생길의 난관을 헤쳐나가야 하는지, 본문에 나오는 아브라함의 믿음을 살펴보려고 한다.

어려운 현실을 인내로 견디게 하는 믿음

본문을 보면 아브라함이 가졌던 믿음에 몇 가지 특징이 있다.

첫째, 아브라함이 가진 믿음은 '어려운 상황을 견뎌내게 하는 차원'에서의 믿음이란 것이다.

그가 백 세나 되어 자기 몸이 죽은 것 같고 사라의 태가 죽은 것 같음을 알고도 믿음이 약하여지지 아니하고 롬 4:19

아내 사라가 아기를 가질 수 없는 몸인 것을 알고도 아브라함은 흔들리지 않았다. 어떤 상황에서도 하나님의 약속은 유효하다는 사실을 굳게 믿었기에 그것이 어려운 상황에서도 견디게 하는 능력으로 승화될 수 있었다.

18절에 보면 "아브라함이 바랄 수 없는 중에 바라고 믿었으니"라는 표현이 바로 절망적인 상황을 뛰어넘는 아브라함의 견고한 믿음을 강조한 표현이다.

현실적으로 보기에 모든 것이 절망적인 상황이지만, 그럼에도 불구하고 아브라함이 가진 믿음이 그 어려운 상황을 견뎌내게 하는 힘이 되고 능력이 되게 했다. 우리가 가진 믿음에는 어려운 현실을 견디게 하는 능력이 내포되어 있다는 사실을 알게 하는 대목이다.

사랑은 인내하는 것

이 부분을 묵상하다가 '사랑장'이라고 하는 고린도전서 13장 4-7절 말씀이 떠올랐다. 이 말씀을 보면 하나님이 생각하시는 사랑의 특성들이 죽 열거되는데, 먼저 4절을 보자. 하나님은 사랑이 어떻다고 말씀하시는가?

사랑은 오래 참고 사랑은 온유하며 시기하지 아니하며 사랑은 자랑하지 아니하며 교만하지 아니하며 고전 13:4

하나님은 사랑과 관련한 정의 첫 번째로 오래 참는 것을 꼽으신다. 그리고는 이어서 계속 사랑의 특성들이 열거되는데, 7절에 보면 사랑의 특성을 이렇게 마무리하고 있다.

모든 것을 참으며 모든 것을 믿으며 모든 것을 바라며 모든 것을 견디느니라 고전 13:7

모든 것을 참고, 믿고, 바라고, 견딘다는 게 다 같은 이야기 아닌가? 하나님이 반복해서 강조하시는 사랑은 '인내하는 특징'을 가지고 있다. 오래 참는 것으로 시작하여 참고 견디는 것으로 마무리하신다. 그러니 인내하지 않는 사랑은 가짜라는 것이다.

우리의 젊은 시절을 떠올려보면 길 가다 우연히 마주친 상대방에게 마음을 빼앗겨 첫눈에 반했다고, 사랑에 빠졌다고 흥분하다가 며칠 지나면서 마음이 식어버리는 일들이 종종 있었음을 기억한다.

성경을 읽다 보니 그런 즉흥적이고 충동적인 감정을 사랑이라 하면 안 된다는 것을 알게 되었다. '사랑에 빠졌다'라는 말이 나오려면 적어도 눈물이 날 정도로 견뎌내는 인내가 포함되어야 하는 것을 알게 된 것이다.

가정을 십 년 이상 유지해온 사람이라면 알 것이다. 그 가정을 지금까지 유지해온 세월이 다 인내로 만들어진 눈물 아닌가? 자녀교육도 마찬가지다. 어린 자녀들이 성숙한 성인으로 성장하기까지 그 과정에는 인내로 만들어진 부모의 눈물이 있었다. 그래서 성경은 사랑은 오래 참는 것이라고 했다. 이 사실을 잊어서는 안 된다. 인내가 없는 사랑은 가짜다. 믿음도 마찬가지이다. 그러기에 하나님이 우리에게 원하시는 것이 있다.

내 형제들아 너희가 여러 가지 시험을 당하거든 온전히 기쁘게 여기라 약 1:2

하나님이 왜 이런 말씀을 하셨을까? 힘든 여러 가지 시험을 만났는데, 어떻게 이걸 기쁘게 받을 수 있는가? 이어지는 3, 4절을 보면, 하나님이 왜 이런 말씀을 주셨는지 알 수 있다.

이는 너희 믿음의 시련이 인내를 만들어 내는 줄 너희가 앎이라 인내를 온전히 이루라 이는 너희로 온전하고 구비하여 조금도 부족함이 없게 하려 함이라 약 1:3,4

우리 큰딸이 대입 삼수를 했다. 본인 입장에서 생각해보면, 두 번이나 떨어지는 과정이 좀 억울한 면이 있었다. 두 번 다 준비한 만큼 점수가 나오지 않았기 때문이다. 그러다 보니 안 해도 되는 고생을 한다는 생각을 했을 것이다. 그리고 그 과정에서 도와주지 않으신 하나님을 원망했을 것이다. 그러나 시간이 좀 지난 지금은 그때 그 고생하는 과정이 본인에게 참 유익한 면이 많았다는 고백을 한다. 나는 확신한다. 우리 큰딸이 두 번이나 입시에 실패하여 낙심하는 자리에 빠지게 되었을 때 하나님께서는 그 아픔의 과정을 오히려 유익한 과정으로 바꾸어주셨다는 사실을 말이다.

큰 고생 없이 자라는 요즘 청소년들이지만, 내막을 들여다보면 각자 나름대로 힘든 일들이 없는 것이 아니다. 그리고 그 힘든 과정이 결코 본인들에게 손해가 되지 않는다.

이건 우리 기성세대도 마찬가지이다. '인생은 고해'라는 말이 있듯이 괴로움이 끝없이 일어나는 것이 우리가 사는 인간 세상이다. 이것을 피할 수 있는 사람은 아무도 없다. 문제는 어려운 일이 찾아올 때 어떤 자세로 그것을 대하느냐이다. 우리가 겪는 어떤 형태의 고생이나 고난도 내가 어떻게 받느냐에 따라 보약이 될 수 있음을 믿어야 한다. 예수 믿는 우리에게 있어서 고난은 '인내'라는 진짜 중요한 믿음의 요소를 만들어내는 재료가 될 수 있음을 기억해야 한다. 여러 가지 시험을 당할 때 우리 안에 이 믿음이 작동된다면 인내할 수 있는 믿음이 생겨날 줄로 믿는다.

비전으로 승화시킨 믿음

두 번째로 아브라함이 가진 믿음의 특징은, '믿음을 비전으로 승화시킨 믿음'이란 것이다.

이게 무슨 말인가? 본문에서 바울이 인용하고 있는 말씀인 창세기 15장 5,6절을 다시 한번 보자.

> 그를 이끌고 밖으로 나가 이르시되 하늘을 우러러 뭇별을 셀 수 있나 보라 또 그에게 이르시되 네 자손이 이와 같으리라 아브람이 여호와를 믿으니 여호와께서 이를 그의 의로 여기시고 창 15:5,6

나는 이 말씀에 나오는 하나님이 너무 멋지다. 아브라함은 지금 위기의 상황을 맞았다. 전쟁 통에 조카 롯을 포로로 빼앗겼다가 겨우 되찾기는 했지만, 언제 다시 적들이 들이닥칠지 모르는 상황을 맞았다. 이런 상황에서 하나님은 아브라함에게 '군대를 모으는 법'이나 '진지를 구축하는 방법' 같은 전쟁 기술을 가르치시지 않았다.

그 상황에서 하나님은 아브라함을 데리고 밖으로 나가서서 '저 하늘의 별들을 봐라. 무수한 별들이 보이니? 내가 너에게 했던 그 약속이 아직도 유효하다는 것을 잊지 말거라'라고 말씀하셨다. 위기에 빠진 아브라함에게 하나님은 현실 문제를 해결하는 밥그릇을 주신 게 아니라 비전과 꿈을 상기시켜주셨다. 아브라함에게 비전을 갖게 하시길 원하시는 하나님, 그 하나님을 믿는 믿음이 신앙이다.

히브리서 11장을 보통 '믿음장'이라고 하는데, 히브리서 11장은 이런 멋진 말로 시작한다.

믿음은 바라는 것들의 실상이요 보이지 않는 것들의 증거니 히 11:1

믿음은 우리를 비전의 자리로 인도해주는 하나님의 도구이다. 나는 이 사실을 확신한다. 이런 점에서 본다면 예수 믿는 우리는 꿈꾸는 자여야 한다고 믿는다. 그렇기 때문에 나는 이것을 기준으로 교회와 나 자신을 점검한다.

"분당우리교회는 현상 유지에 급급한 교회인가? 아니면 꿈꾸며 나아가는 교회인가?"

이 질문을 기준으로 교회와 나를 점검하다 보면 생각이 복잡해진다. 사십 대 초반에 교회를 개척했기에 그 당시엔 갖춘 것이 별로 없었다. 교회도 학교를 빌려 예배를 드리다 보니 불편한 것이 많았다. 하지만 그때는 내 안에 불타는 열정이 있었다. 성도들도 그랬다. 이것이 개척 초기의 모습이었는데, 20년의 세월이 흘렀다. 개척 초기와는 다르게 지금은 갖춘 것이 많아졌다.

그런데 간혹 개척 초기가 그립다. 그때로 돌아가고 싶다는 생각이 들 때도 있다. 그래서 계속 안간힘을 쓴다. 개척 초기의 열정을 회복시켜달라고 떼쓰듯 기도한다. 교회는 규모의 크기가 아니라 꿈의 크기로 결정된다는 사실을 잘 알고 있기 때문이다.

사람도 마찬가지이다. 사람은 나이가 들어서 늙는 것이 아니다. 꿈이 없어지면 늙는 것이다. 나이가 팔십, 구십이라도 하나님이 주신 꿈, 비전, 사명이 있으면 젊은 것이다. 이십 대라도 꿈이 없으면 늙은이다.

나는 등산을 좋아하는데, 특히 겨울 등산을 좋아한다. 우선 겨울의 찬 공기가 좋다. 나는 겨울에 등산할 때 옷도 일부러 두껍게 입지 않고 조금 가볍게 입는다. 처음 산에 오를 땐 춥고 으슬으슬하다가 한 5분 정도만 지나면 내 몸에서 놀라운 에너지가 발산되는데, 그럴 때 내가 살아 있다는 것을 새삼 느낀다. 그 추운 날씨에 찬 공기에 맞서 열을 발산하는 내 몸을 보면서 내가 살아 있다는 것을 확인하는 것이다.

내가 겨울 등산을 좋아하는 이유가 또 있다. 나는 겨울 산에서 나목(裸木)을 보는 게 참 좋다. 사람들은 4,5월에 꽃이 만개하는 향기 나는 나무를 좋아한다고 하는데, 나는 벌거벗은 앙상한 겨울나무가 5월의 화창한 꽃나무보다 훨씬 아름답게 보인다.

사실 겉으로 보기에는 1월 동토에 뿌리내린 겨울나무가 참 초라하다. 멋 부리고 자랑할 게 하나도 없다. 오직 겨울나무가 원하는 본능은 딱 하나다. 생존하는 것. 버텨내는 것. 그 하나를 위해 아름다웠던 잎사귀 다 떨어내고 벌거벗은 몸으로 거기 서 있는 것이다.

그런데 겉으로 보기에 이렇게 초라해진 겨울나무가 내 눈에는 왜 그토록 아름답게 보이는가? 그 나무가 그렇게 겨울을 버텨냈기 때문에 5월에 아름다운 향내 나는 꽃잎들이 가능할 수 있음을 알기 때문이다.

우리 인생도 마찬가지다. 무슨 일로 그렇게 힘든가? 지금 창세기 14장에서 아브라함이 겪고 있는, 이러지도 못하고 저러지도 못하는 난감한 상황에 빠져 있는가? 그 힘든 과정을 견뎌내고 있는 과정 자체가 아름다울 수 있다는 사실을 기억하자.

가끔 청년들이 나를 찾아와 상담을 요청한다. 각기 사연은 다르지만 그들이 겪고 있는 내용은 꽤 심각하다. 언젠가 내가 잘 아는 한 청년이 찾아왔다. 많은 아픔이 있던 청년이었다. 우울증 약도 먹고 있다고 했는데, 나와 이야기하면서 막 울었다.

"목사님, 또래 다른 사람들과 비교해보면 제가 너무 뒤처지는 것 같아요. 전 그저 숨 쉬는 것 말고는 아무것도 하는 일이 없어요. 그래서 제가 너무 초라해 보여요."

그래서 내가 겨울나무 이야기를 해주며 이렇게 말했다.

"무슨 소리를 하는 거니? 내가 보기에 너는 진짜 아름답다. 그 어려운 삶의 과정을 이렇게 잘 버텨내고 있는 것, 이 이상 어떻게 더 아름다울 수 있겠니? 껍데기만 보는 사람들의 기준과 판단에 흔들리지 마라. 겨울나무 같은 이 과정을 잘 견뎌내되, 아브라함이 그랬던 것처럼 꽃이 필 5월의 봄날을 기억하거라. 그날을 소망하고 비전을 가지면 반드시 인생에 꽃이 필 날이 올 거야. 그것을 삶의 소망으로 삼으렴."

나는 아브라함이 칠십오 세 때 하나님이 주신 비전을 받은 이후로 아들 이삭을 응답으로 받던 백 세가 될 때까지의 과정이 고통의 과정이라고 생각하지 않는다. 나는 아브라함이 내내 고통 속에 있다가 하나님의 응답으로 아들 이삭을 낳던 백 세 때부터 행복해졌다고 생각하지 않는다. 나는 아브라함이 하나님의 비전을 받던 칠십오 세 때부터 내내 행복했을 거라고 생각한다. 비전으로 이어지는 믿음은, 환경을 보지 않고 꿈을 보기 때문이다. 철저하게 절망할 수밖에 없는 상황에서도 버텨낼 수 있는 힘은 그런 상황에서도 사라지지 않는 소망 때문이다. 믿음에는 소망이 자리 잡고 있음을 기억해야 한다.

　이 설교를 준비하면서 내가 이십 대 초반에 시카고에서 고생하던 때가 또 떠올랐다. 나는 지금도 미국을 방문할 때면 시간을 내어 고생스럽던 그 시절에 내가 살던 작고 초라한 집을 찾아가 보곤 한다. 265불짜리 좁은 방, 삐걱거리는 백 년 된 목조건물, 바퀴벌레가 출몰하던 그곳에서 스물세 살의 내가 겪은 시카고의 겨울은 초라했다.

　내가 이때의 얘기를 설교 때나 책에서 자주 하다 보니, 형제들의 입장이 곤란해졌었다. 막내가 그렇게 고생할 때 형제들은 무엇을 했냐는 얘기들을 하기 때문이다. 그건 오해다. 그때는 내 가슴이 뜨거웠을 때였던지라 도와주겠다는 것을 다 거절했었다. 내가 왜 아버지도 아닌 형제들에게 도움을 받아야 하느냐는 생각에, 내가 벌어서 학교 다니고 생계를 유지하고 싶었기 때문이다. 이걸 '사서 고생한다'고 하던가?

그런데 지나놓고 보니 '사서 고생했던' 그 당시의 나의 결정은 참 잘한 것이라고 생각한다. 왜냐 하니까 내 생애 가장 가난했던 시절 이었지만 그 과정이 나에게 너무나 유익했기 때문이다. 고생이 많아 수시로 마음이 무너지고 절망했던 시절이었지만, 그때만큼 하나님 의 인도하심과 하나님이 주신 비전으로 가슴이 뜨거워졌던 때가 별 로 없었던 것 같다. 절망이 찾아올 때마다 '하나님, 저 이대로 망하 지 않죠? 하나님, 저 이대로 무너지지 않죠? 저 다시 일어날 수 있 죠?'라고 기도하며 주먹에 힘을 쥐던 그때가 그립다.

말씀에 근거한 믿음

세 번째로, 아브라함의 믿음은 '말씀에 근거한 믿음'이었다. 이것 이 아브라함이 가졌던 믿음의 강력한 특징이다.

창세기 12장에서 아브라함이 처음 약속의 말씀을 받았던 칠십오 세 때부터 그 약속의 응답을 받았던 백 세에 이르기까지, 아브라함 의 삶 전반에 흐르는 것은 하나님의 말씀이었다. 그의 인생 여정은 하나님의 말씀이 선행된 삶이었다.

로마서 4장의 구조를 보면 전반부와 후반부, 두 부분으로 나눌 수 있는데, 전반부는 '하나님의 주도하심, 하나님의 선행하시는 일하심'이 17절까지 묘사되어 있다. 그다음 후반부인 18절부터는 그 선행하는 하나님의 주도하심에 믿음으로 반응하는 '아브라함의 반응'이 기록되어 있다.

누가 하나님의 말씀을 마음으로 받을 수 있는가? 하나님의 주권을 인정하는 사람, 하나님이 내 인생을 주도하시도록 내 인생을 맡겨드리는 사람이 하나님의 말씀을 진정으로 받을 수 있다. 아브라함의 인생에 하나님의 말씀이 계속 흐를 수 있었던 것은, 그가 하나님의 주권을 인정하고 하나님이 자신의 인생을 주도하시도록 온전히 내어드렸기 때문이다. 하나님이 자기 인생을 주도하실 수 있도록 내어드리는 믿음이 아브라함을 계속 견인했다.

바울의 삶도 마찬가지이다. 바울 역시 하나님의 말씀으로 가득한 인생이었다. 바울의 머리에는 말씀이 꽉 차 있었다. 로마서를 비롯하여 그가 쓴 서신서들을 보면 하나님의 말씀을 자유자재로 인용하고 있음을 볼 수 있다. 로마서 4장 3절도 마찬가지 아닌가?

"성경이 무엇을 말하느냐 아브라함이 하나님을 믿으매 그것이 그에게 의로 여겨진 바 되었느니라."

하나님의 말씀으로 꽉 차 있었던 바울이 참 부럽다. 그리고 말씀에 근거한 믿음생활을 유지했던 아브라함이 부럽다. 하나님께서 먼저 주도하시고, 그 주도하시는 하나님 말씀에 대해 반응하는 것이 믿음이라면 내 삶에서 말씀이 계속 흘러야 한다. 그래야 하나님의 주도하심이 계속될 수 있기 때문이다.

이 사실이 중요하기에 바울은 로마서 4장의 전반부와 후반부를 가르는 분기점이 되는 말씀으로 17절 말씀을 이렇게 기록한다.

기록된 바 내가 너를 많은 민족의 조상으로 세웠다 하심과 같으니 그가 믿은 바 하나님은 죽은 자를 살리시며 없는 것을 있는 것으로 부르시는 이시니라 롬 4:17

로마서 4장 말씀을 견인하시는 분이 하나님이심이 느껴지지 않는가? 모든 성경 내용이 다 그렇듯이 로마서 4장의 주인공도 아브라함이 되면 안 된다. 아브라함이 하나님을 앞서 가서도 안 된다. 하나님이 주인공이시다. 그래서 바울은 로마서 4장을 이렇게 마무리한다.

의로 여기심을 받을 우리도 위함이니 곧 예수 우리 주를 죽은 자 가운데서 살리신 이를 믿는 자니라 예수는 우리가 범죄한 것 때문에 내줌이 되고 또한 우리를 의롭다 하시기 위하여 살아나셨느니라 롬 4:24,25

우리를 죽은 자 가운데서 살리신 예수 그리스도를 믿는 것, 그리고 그 믿음으로 우리를 의롭다 하시기 위해 다시 살아나신 예수 그리스도가 로마서 4장의 결론이다. 만약 내가 '아브라함의 믿음을 본받자'라면서 결론을 지어, 로마서 4장의 주인공을 아브라함으로 만들어버리면 아브라함의 믿음을 율법으로 전락시키는 것이다. 인간의 어떤 행위, 어떤 몸부림도 율법이 될 수 있다. 그렇기 때문에 주인공은 하나님이셔야 한다. 하나님께서 주도하셔야 한다. 예수 그리스도가 내 삶의 주인 되시고 주도자가 되시도록 하자.

'주님은 내 인생의 주인이 되십니다. 주님이 저를 견인해 가시기를 원합니다. 제가 따르겠나이다.'

이것이 믿음인 줄 믿기를 바란다. 그 믿음을 가지고 하나님의 일하심이 우리 삶에 선행하시도록 하나님의 주권을 온전히 인정하고 우리 자신을 내어드리는 삶을 살게 되기를 바란다. 그래야 우리도 아브라함처럼 힘든 세월을 소망으로 이길 힘을 제공받을 수 있기 때문이다.

그

감격에

빠지다

PART 2

ROMANS

1 그러므로 우리가 믿음으로 의롭다 하심을 받았으니 우리 주 예수
그리스도로 말미암아 하나님과 화평을 누리자 2 또한 그로 말미암아
우리가 믿음으로 서 있는 이 은혜에 들어감을 얻었으며 하나님의 영
광을 바라고 즐거워하느니라   로마서 5:1,2

chapter 3

구원의 기쁨을 누리라

믿음으로 의롭다 하심을 받았으니

로마서 5장은 이렇게 시작한다.

> 그러므로 우리가 믿음으로 의롭다 하심을 받았으니 롬 5:1

여기 나오는 '그러므로'라는 접속사는 앞서 나왔던 로마서 1장부터 4장까지의 내용을 요약해주고 정리해주는 차원에서의 접속사다. 바울은 로마서 1장부터 4장까지 전체 내용을 한마디로 이렇게 요약하고 있다.

"우리가 믿음으로 의롭다 하심을 받았으니."

우리가 예상했던 대로 '이신칭의'가 로마서 1장부터 4장까지 전체 내용의 가장 간결한 요약이다. 이런 관점으로 로마서 1~4장의 내용을 간략하게 정리해보자.

로마서 1장 18절에서 바울은 하나님의 진노에 대해서 언급한다.

> 하나님의 진노가 불의로 진리를 막는 사람들의 모든 경건하지 않음
> 과 불의에 대하여 하늘로부터 나타나나니 롬 1:18

그러면서 바울이 로마서 전반부에서 굉장히 길고 또 강렬한 단어
를 사용해가면서 강조한 것이 무엇인가 하니, 타락해서 하나님과의
관계를 깨뜨린 인간들에 대한 하나님의 진노를 피할 인생이 없다는
것이다. 이것을 길게 피력하고는 3장 21절을 기점으로 대반전의 말
씀이 등장한다.

> 이제는 율법 외에 하나님의 한 의가 나타났으니 율법과 선지자들에
> 게 증거를 받은 것이라 롬 3:21

우리 말 성경에는 빠져 있지만 헬라어로 보면 3장 21절 앞에 '그
러나'라는 접속사가 있다.

"그러나 이제는 율법 외에 하나님의 한 의가 나타났으니."

이 '그러나'가 지금까지의 말씀을 완전히 뒤바꾸는 대반전의 '그러
나'이다. 타락으로 말미암아 하나님의 진노를 피할 길이 없는 인생
들에게 하나님이 주신 대안이 있다는 것이다. 그러면서 하나님이 주

신 그 대안이 무엇인지, 하나님의 의에 대해 이렇게 설명한다.

> 모든 사람이 죄를 범하였으매 하나님의 영광에 이르지 못하더니 그
> 리스도 예수 안에 있는 속량으로 말미암아 하나님의 은혜로 값 없이
> 의롭다 하심을 얻은 자 되었느니라 롬 3:23,24

이 내용이 로마서 4장에서도 이어져 앞 장에서 살펴본 것처럼 아
브라함이란 인물을 예로 들어서 설명하고 있다.

이렇게 4장까지 말씀이 피력되고 난 후 로마서 5장에 들어가면
서 바울은 '그러므로'라는 접속사를 사용하여 "우리가 믿음으로 의
롭다 하심을 받았으니"라는 한 문장으로 지금까지의 내용을 요약
한다. 이 '이신칭의'는 로마서를 공부할 때만 알아야 할 내용이 아니
라, 우리가 이 땅에서 호흡이 끝나는 날까지 마음에 담아야 할 우리
신앙의 가장 핵심 중의 핵심이다. 종교개혁가 마르틴 루터는 이신칭
의를 두고 '교회가 서고 넘어지는 조항'이라고 말했다. 교회가 이신
칭의를 가르치고 있느냐가 그 교회가 서 있는지 넘어져 있는지 점검
하는 중요한 잣대가 된다는 말이다.

원인, 그리고 결과

그만큼 중요한 것이 이신칭의 교리인데, 사도 바울은 로마서 5장

을 시작하면서 '그러므로'라는 접속사와 함께 이신칭의 교리를 요약하면서 "우리가 믿음으로 의롭다 하심을 받았으니…"라고 문을 연다. 로마서 5장 1,2절을 다시 보자.

> 그러므로 우리가 믿음으로 의롭다 하심을 받았으니 우리 주 예수 그리스도로 말미암아 하나님과 화평을 누리자 또한 그로 말미암아 우리가 믿음으로 서 있는 이 은혜에 들어감을 얻었으며 하나님의 영광을 바라고 즐거워하느니라 롬 5:1,2

이 문장을 문법적으로 보면 '원인과 결과'의 관계이다. 원인이 무엇인가? "그러므로 우리가 믿음으로 의롭다 하심을 받았으니." 결과는 무엇인가? "우리 주 예수 그리스도로 말미암아 하나님과 화평을 누리자."

2절도 마찬가지다. 1절에 나오는 "그러므로 우리가 믿음으로 의롭다 하심을 받았으니"가 원인이고, 2절에 나오는 "그로 말미암아 우리가 믿음으로 서 있는 이 은혜에 들어감을 얻었으며 하나님의 영광을 바라고 즐거워하느니라"가 결과이다.

바울이 강조하고자 하는 것이 무엇인가? 믿음의 사람이 누릴 것이 있다는 것이다. 하나님과의 화평 관계가 그것이고, 하나님의 영광을 바라고 즐거워할 수 있는 상태가 그것이다. 우리는 이 사실을 누리고 즐거워해야 한다.

복음은 우리로 하여금 누리고 즐거워하는 인생이 되게 했다는 사실을 기억하자. 하나님은 우리가 지금 어떤 상황, 어떤 형편이든지 거기에 무너지지 않고 즐거워하는 인생이 되도록 해주셨다. 믿음으로 의롭다 하심을 받아서 하나님의 화평을 누리고 하나님의 영광을 바라고 즐거워하게 되었다는 사실을 기억하자. 누리지 못하는 복음은 복음이 아니다.

더 중요한 그 후의 이야기

나는 이런 점에서 동화책을 볼 때마다 불만이었다. 동화책을 보면 대부분 어려운 환경에 처한 착한 여주인공이 식모살이하고 구박당하다가 왕자님을 만나서 결혼했다, 하고는 끝난다.

대표적인 게 '신데렐라' 이야기다. 신데렐라가 못된 새엄마를 만나 새엄마와 의붓언니들에게 맨날 괴롭힘당하고 고생하다가, 어느날 유리 구두를 신고 파티에 참석했는데 거기서 왕자님의 눈에 쏙들었다. 우여곡절 끝에 왕자님은 신데렐라를 찾아냈고 청혼하고 결혼하면서 동화는 끝이 난다.

동화를 이렇게 끝내면 어떻게 하는가? 나는 늘 이게 불만이었다. 내내 고생만 하던 신데렐라가 멋진 왕자님과 결혼한 후에 왕자님과 함께 얼마나 행복한 삶을 살았는지까지 기록해야 하는 것 아닌가? 그 과정이 너무나 행복해서 결혼 이전에 신데렐라가 경험했던 모든 고통스러운 과정을 다 보상받는 것으로 이야기를 끝냈으면 얼마나 좋았겠나?

"왕자님에게 시집을 갔더니 세상에 이렇게 다정한 남편일 수가 없어서 새엄마에게 구박받던 지난 세월을 다 보상받고, 너무나 행복하게 잘 살았다."

이렇게는 끝을 맺어줘야지, 잉크가 모자란 것도 아닌데 왜 그렇게 뚝 하고 끝을 내는가? 조금은 억지같이 들리겠지만, 내가 무슨 말을 하고 싶은지 알겠는가? 우리가 로마서 5장 1절 앞부분에만 머무르면, 우리의 신앙생활이 이렇게 동화를 끝내는 것과 똑같다. "우리가 믿음으로 의롭다 하심을 받았으니"라는 전제를 믿는다면, 이것으로 끝내면 안 된다. 바울이 강조하는 게 무엇인가? 그 자격 없는 자를 친히 의롭다 해주시고 구원해주신 하나님께서 우리에게 어떤 은혜를 주신다고 하는가?

"우리 주 예수 그리스도로 말미암아 하나님과 화평을 누리자 … 하나님의 영광을 바라고 즐거워하느니라."

우리가 이것을 누리는 데까지 나아가야 한다. 오늘날 왜 이렇게 전도가 안 되는가? 예수 믿는 우리가 제대로 누리지도 못하고 즐거워하지 못하기 때문이다. 예수 믿고 너무나 행복해하는 우리 표정이 전도지이다. 먼저 우리가 복음을 즐겨야 한다. 누려야 한다. 기뻐해야 한다.

이런 걸 보면 내가 어릴 적 철이 없을 때 가졌던 신앙은 반쪽짜리였다. 중고등학교 시절에 내 신앙의 흠모 대상이 누구였는지 아는가? 예수님 십자가 우편에 있던 강도였다. 어린 시절의 나의 신앙생활은 강요당하던 생활의 연속이었다.

'술 마시면 안 되는 것 알지? 담배 피우면 안 되는 것도 알지? 함부로 연애하면 안 되는 것은 물론 알고 있겠지?'

어린 시절의 나에게 있어서 모든 예수 믿는 어른들은 '하면 안 되는 것들'을 감시하는 감시자였다. 그러다 보니 어릴 때부터 예수 믿게 된 것이 내 삶에 큰 족쇄처럼 여겨졌다. 그래서 그런가, 예수님이 달리신 십자가 우편에 있던 강도가 그렇게 부러울 수 없었다. 평생을 제멋대로 살다가 죽기 5분 전에 예수 믿고 천당 갔으니, 그땐 그 인생이 너무 부러워 보였다(물론, 이건 말도 안 된다는 것을, 반항심에서 나온 생각이라는 것을 어린 나도 알고 있었다).

지금은 내 평생에 술과 담배를 입에 대 보지 않은 것이 나에게 큰 복이었음을 잘 알고 있다. 그리고 크리스천 중에 제일 불행한 사람이 예수님 우편에 있던 강도라는 사실도 잘 알고 있다. 예수님 우편에 있던 강도가 왜 가장 불행한 크리스천인가?

청소년 시절의 나는 열등감이 많았고 나 스스로를 초라한 사람이라고 규정하며 살았다. 우울할 때가 많았다. 그런 내가 어느 날 보니 매우 밝은 사람이 되어 있었다. 누가 나를 괴롭혀도 '허허' 웃으며 용서하고 용납하는 일도 일어나기 시작했다. 예전에는 나도 힘들고 상대방도 힘든 인생을 살았는데, 자격 없는 나를 대속해주신 사랑으로 구원해주신 그 감격에 기뻐하다 보니 나도 기쁘고 나를 만나는 사람들도 기쁜 삶을 살게 된 것이다. 이런 기쁨을 채 누리기도 전에 예수님을 믿자마자 십자가 옆에서 죽고 말았으니, 그 강도는 불행하고 안타까운 크리스천이 아니겠는가? 예수 믿으면 이 땅에서의 삶도 기쁘고 즐거워지는데, 예수 그리스도로 말미암아 새로운 삶의 기쁨을 누릴 겨를 없이 세상을 떠났으니 얼마나 불쌍한가?

나는 우리가 다 예수 그리스도의 이신칭의, 자격 없는 자에게 주시는 대속의 사랑의 기쁨을 누리게 되길 바란다. 하지만 그것으로 끝내면 안 된다. 신데렐라가 왕자님과 결혼하는 게 중요한 게 아니라 왕자님을 만나 말로 다 할 수 없는, 예전과 비교할 수 없는 기쁨을 누리는 게 진짜 동화의 해피엔딩인 것처럼, 하나님은 그저 기계적으로 이신칭의의 '구원표'를 나눠주시고는 천국 갈 때 꼭 제출해야 한다며 장롱에 넣어두도록 하시지 않았다. 우리 삶 가운데 늘 대속의 기쁨이 넘쳐서 우울하다가도 금방 내 안에 부어주시는 신령한 새 노래로 인해 언제 우울했냐는 듯 누리고 즐기며 사는 삶을 맛보게 되길 바란다.

본문을 보면, 바울이 이신칭의의 결과로 선명하게 누리게 되는 세 가지를 보게 되는데, 그것이 무엇인지 하나씩 살펴보자.

첫째로, 가장 강력하게 누리게 되는 것은 '하나님과의 화평'이다. 이신칭의의 은혜로 하나님과 함께 화평을 누리게 된다는 것이다.

그러므로 우리가 믿음으로 의롭다 하심을 받았으니 우리 주 예수 그리스도로 말미암아 하나님과 화평을 누리자 롬 5:1

여기 나오는 '화평'은 헬라어로 '에이레네'인데, 이 단어는 우리가 잘 아는 히브리어 '샬롬'과 같은 단어다. 그러나 이 단어들은 단순히 평안함만 의미하는 것은 아니다. 내가 월급이 두 배로 올라서 기분이 좋은 것은 '샬롬'이 아니다. '샬롬', 그리고 '에이레네'는 하나님과 깨어진 관계가 회복되었기 때문에 누리는, 그래서 환경과 상관없는 본질적인 평화다.

'샬롬'에 중요한 것이 하나 더 있다. '우리 주 예수 그리스도로 말미암아'가 중요하다. 예수 그리스도가 개입하지 않는 것은 '샬롬'이 아니다. 예수 그리스도께서 개입하시는 구원의 사랑이 담겨 있는 평안, 그것이 '샬롬'이다. 이유가 무엇인가?

곧 우리가 원수 되었을 때에 그의 아들의 죽으심으로 말미암아 하나님과 화목하게 되었은즉 롬 5:10

하나님과 원수 되었던 우리가 하나님과 화목할 수 있게 된 비결과 이유는 바로 예수 그리스도의 죽으심 때문이었다. 이 과정에서 기억해야 할 것이 하나 있다. 우리는 어쩌다가 하나님과 원수가 되어버렸는가?

이사야서 59장 2절을 보자.

오직 너희 죄악이 너희와 너희 하나님 사이를 갈라놓았고 사 59:2

우리가 하나님과 원수 맺게 된 것은 우리의 죄 때문이었다. 죄가 하나님과 우리 사이를 갈라놓았다. 그 간격이 너무 커서 인간이 만든 사다리로는 하나님께 갈 수 없을 정도로 벌어져버렸다. 하나님과 원수 되어 벌어진 이 간격 때문에 우리 안에는 어떤 것으로도 채워지지 않는 구멍이 생겨버렸다.

그리고 이 뻥 뚫린 구멍 사이로 불안과 두려움이 마음대로 드나드는 인생이 되어버렸다.

이런 치명적인 상태를 회복할 수 있는 유일한 대안이 하나님과 화해하는 것인데, 하나님께서는 대안으로 예수 그리스도의 십자가를 내어놓으신 것이다. 그 하나님의 대안, 십자가를 믿는 믿음으로 하나님과의 관계가 회복되었다. 그리고 뻥 뚫린 구멍이 메워졌다. 중재자 되시는 예수 그리스도 없는 '샬롬'은 진짜 '샬롬'이 아닌 이유가 여기에 있다.

진짜가 없으니 있는 척이라도

지금 우리가 사는 세상을 보라. 진짜 샬롬을 모르기 때문에 거짓 샬롬에 너무나 목말라 있다. '있어빌리티'라는 말을 들어본 적이 있다. '있어 보인다'라는 말과 능력을 뜻하는 영어단어 'ability'를 합쳐서 만든 신조어인데, 그럴듯하게 자신을 과시하는 행위를 이르는 말이다. 쉽게 말해서 실상은 별것 없지만, 있는 척하며 허세를 부리는 게 '있어빌리티'이다. 있어 보이는 것도 현대인이 갖춰야 할 능력 중에 하나란 것인데, 지금 SNS에 이 '있어빌리티'가 전염병처럼 퍼지고 있다고 한다.

어느 기사에서 보니, 조그만 원룸에 사는 한 여자가 청담동 부잣집에서 사는 것처럼 호화가구가 있는 집 사진을 찍어서 SNS에 올렸다고 한다. 자기가 부잣집 딸이라는 것을 증명하려고 해외여행 가서 찍은 사진들을 수시로 올리는데, 자기 얼굴은 나오지 않는다. 다 가짜이기 때문이다. 호화가구가 놓여 있는 청담동 부잣집이 아닌 조그만 원룸에 살면서 마치 자기가 굉장히 부잣집 딸인 것처럼 과시하는 것이 바로 '있어빌리티'이다. 아직 나이도 어린 그 여자는 왜 그렇게 자신을 속이면서까지 거짓 사진을 올려 있는 척하고 과시했을까? 그의 내면이 뻥 뚫려 있기 때문일 것이다. 이 젊은 여자가 보여주는 행동 자체가 자기 자신의 뻥 뚫린 내면을 스스로 고발하는 행위 아닌가?

만약 내가 사람을 모으고 큰 교회 만드는 것에만 혈안이 되어 있다면 그것은 내 내면이 뻥 뚫려 있기 때문일 것이다. 진짜 샬롬이 없다면 아무리 채워도 채워지지 않는다. 열 명을 대상으로 목회하든지 만 명을 대상으로 목회하든지 간에 목회자 안에 하나님의 샬롬이 채워져 있다면, 그래서 내면에 공허함이 없이 꽉 차 있다면 그런 일로 인생을 낭비하지 않는다.

당신은 어떤가? 당신에게는 이 샬롬이 있는가? 마음이 아프고 억장이 무너지는 상황에서도 그 상한 마음을 복구시키는 하나님의 샬롬, 이것이 바로 바울이 말하는 이신칭의를 믿는 자들이 누리는 특권이다. 만약 이 샬롬이 우리 안에 없다면 왜 이 시스템이 작동하고 있지 않은지 곰곰이 생각해봐야 한다. 하나님의 은혜로 구원 입은 우리가 마땅히 누려야 할 특권이기 때문이다.

이신칭의 은혜로, 하나님 은혜의 보좌로 들어간다

둘째로, 이신칭의의 결과로 우리가 누리는 두 번째 특권은, '하나님의 은혜의 보좌로 들어가는 것'이다.

또한 그로 말미암아 우리가 믿음으로 서 있는 이 은혜에 들어감을 얻었으며 롬 5:2

여기 나오는 '들어감'이란 단어는 헬라어로 '프로사고겐'인데, 원래 이 단어는 '~에 다다르다, 도착하다'라는 의미를 가진 단어다. 바울은 이 단어를 가지고 무엇을 설명하는가? 이신칭의를 믿는 사람은 하나님의 보좌 앞으로 나아가는 특권을 얻었다는 것이다.

신약에 보면 '프로사고겐'이라는 단어가 몇 군데 더 나온다.

우리가 그 안에서 그를 믿음으로 말미암아 담대함과 확신을 가지고 하나님께 '나아감'을 얻느니라 엡 3:12

여기서 '나아감'이 '프로사고겐'이다. 그리고 우리가 잘 아는 히브리서 4장 16절에도 이 단어가 쓰였다.

그러므로 우리는 긍휼하심을 받고 때를 따라 돕는 은혜를 얻기 위하여 은혜의 보좌 앞에 담대히 '나아갈' 것이니 히 4:16

여기서도 '나아갈'이 '프로사고겐'이다. 이 단어가 한결같이 강조하는 게 무엇인가? 예수 그리스도께서 대속해주신 그 사랑으로 인해 우리 같은 죄인이, 하나님과 원수 되었던 자들이 하나님의 보좌 앞으로 나아가는 특권을 얻었다는 것이다.

이 특권에 대해 예를 들어 설명해보자면, 우리 교회 부목사들 중에는 목회자 자녀가 많다. 한번은 목사님 아들 출신인 부목사가 어린 시절 이야기를 해주었는데, 자기 아빠가 담임목사님이니까 수시로 담임목사 사무실을 드나들었다는 것이다. 그리고 물어보지도 않고 냉장고를 열어 음료수나 간식을 꺼내 먹었다는 것이다.

그랬던 자기가 부목사가 되어 사역을 하다 보니, 담임목사 방에 들어가는 것이 얼마나 조심스러운지 모르겠다는 것이다. 그리고 냉장고를 열기는커녕 아무것도 만질 수 없더라는 것이다. 가볍게 농담처럼 한 이야기이지만, 이 이야기로 강조하고 싶은 게 무엇인가?

나는 우리 교회 부목사님들과 관계가 나쁘지 않다. 아주 잘 지내는 편이다. 그러나 아무리 가깝다고 해도 내 방에 불쑥 들어오지 않는다. 내가 지금 뭘 하고 있는지 확인부터 한다. 만약에 내가 묵상 중이거나 다른 일이 있으면 절대 들어오지 않는다.

그 부목사의 이야기를 듣다가 청소년 시절의 나의 두 딸과 아들이 생각났다. 우리 집 아이들은 담임목사 방에 제멋대로 들어오고 소파에 드러눕기도 하고 뭘 만지다가 고장이 나도 놀라지도 않는다. "고장 났네?" 하고는 그냥 가버린다.

이 차이를 알겠는가? 나와 아무리 가까워도 내 사무실에 함부로 들어와서 제 것처럼 사용하는 사람은 아무도 없다. 하지만 자녀는 그렇게 할 수 있다. 이신칭의의 결과로 우리는 하나님의 자녀가 되었다. 그리고 하나님의 보좌로 무시로 나아갈 수 있는 특권을 주셨다. 이 사실을 기억해야 한다. 하나님 앞에서 이 특권을 누리지 못한다면 온전한 신앙생활이라 할 수 없다. 그런데 왜 우리는 그 특권을 누리지 못하고 부교역자가 담임목사 대하듯 하나님을 대하는가?

이 특권을 누리는 데 있어서도 한 가지 중요한 조건이 있다. 우리는 예수님을 통해서만 하나님 앞에 나아갈 특권을 얻게 된다는 사실이다. 우리가 기도할 때 예수님의 이름으로 기도하지 않는가? 왜꼭 예수님의 이름으로 기도해야 하는가? '예수님이 빠진 나'는 하나님 앞에 나아갈 자격이 없기 때문이다.

예수님이 주신 말씀을 보자.

그날에는 너희가 아무것도 내게 묻지 아니하리라 내가 진실로 진실로 너희에게 이르노니 너희가 무엇이든지 아버지께 구하는 것을 내이름으로 주시리라 요 16:23

보좌로 나아갈 수 있는 특권을 허락하신 분이 바로 예수 그리스도시란 것이다. 그다음 나오는 말씀에서 우리를 향하신 주님의 심정을 그대로 느낄 수 있다.

지금까지는 너희가 내 이름으로 아무것도 구하지 아니하였으나 구하라 그리하면 받으리니 너희 기쁨이 충만하리라 요 16:24

우리를 향하신 예수님의 마음을 이것만큼 잘 요약한 게 없다. 주님은 우리에게 무언가 엄청난 것을 요구하시는 것이 아니다. 그저 우리가 주님으로 인해 기쁨이 충만하길 원하신다.

우리의 최대 과제는 주님 안에서 행복한 것이다. 주님 안에서의 행복을 누리지 못하니 자꾸 주님 밖에서의 행복을 추구하게 되는 것이다. 주님 밖에서의 행복은 탈선이다. 선을 이탈한 것이다. 우리는 주님 안에서 기쁨을 누려야 한다. 사탄이 아무리 우리의 기쁨을 빼앗으려 해도 절대로 빼앗기지 않는 것, 이것이 영적 전쟁 아닌가? "너희 기쁨이 충만하리라"라는 주님의 소원이 우리 삶 속에서 구현되는 은혜가 있기를 바란다.

이신칭의로, 하나님의 영광을 바라고 즐거워한다

세 번째로, 이신칭의의 결과로 누리게 된 특권은 '하나님의 영광을 바라고 즐거워하게 된다'는 것이다.

또한 그로 말미암아 우리가 믿음으로 서 있는 이 은혜에 들어감을 얻었으며 하나님의 영광을 바라고 즐거워하느니라 롬 5:2

나는 이 말씀을 삶 속에서 여러 번 경험했다. 처음 교회를 개척할 때의 이야기를 많은 사람들이 알고 있겠지만, 나는 개척할 때까지 어른들을 상대로 목회를 해본 적이 없었다. 10년 동안 중고등부 아이들만 상대하다가 처음으로 어른들을 상대로 목회하려니 모든 것이 낯설고 어색했다. 그리고 설교에 초점 맞추기가 어려웠다. 그러다 보니 강단에 서는 것이 두려웠을 뿐 아니라 어른들을 상대로 하는 목회 자체가 버거웠다.

그때는 너무 버거운 마음에 주중에 아무도 없는 빈 예배당에 앉아서 눈물로 기도할 때가 많았다. 그런데 지금 와서 그때를 되돌아보면 '하나님, 저에게 말씀의 은사 좀 주세요. 목회 잘하게 해주세요'라는 기도도 많이 했지만, 그것보다 더 많이 드렸던 기도는 하나님의 영광을 구하는 기도였다.

'하나님, 이 미천한 종에게 하나님의 영광이 나타나게 해주시길 원합니다. 이 미천한 종에게 하나님의 영광을 보여주시길 원합니다. 그리고 장차 종이 누리게 될 완전한 하나님의 영광을 놓치지 않게 해주시길 바랍니다.'

그 시절, 개척 초기에 내가 얻은 교훈이 무엇인지 아는가? 현실의 어려움만 놓고 기도하기보다는 본질적으로 하나님의 영광을 바라고 구하면 하나님께서는 현실의 어려움을 이길 힘을 주실 뿐 아니라 본질적인 회복도 함께 주신다는 사실이다. 우리는 하나님의 영광을 구해야 한다. 그리고 그 하나님의 영광이 회복될 때 얻게 될 본질적인 기쁨을 구해야 한다. 이 부분에 대해서는 다음 장에서 조금 더 깊이 살펴보게 될 것이다.

그저 누리면 된다

예수 믿는 우리는 이 세 가지 특권을 삶 속에서 누리고 있는지 점검해봐야 한다. 하나님과 더불어 화평을 누리고 있는가? 하나님의 은혜에 들어가는 특권을 누리고 있는가? 하나님의 영광을 바라고 즐거워하는 기쁨이 내게 있는가?

내가 종종 재미있게 보는 TV 프로그램 중에 〈TV 동물농장〉이 있다. 어느 날 그 프로를 보는데, 한때 알콩달콩 잘 지내던 암캐와 수캐 이야기가 나왔다. 수캐가 변심했다. 더 이상 사랑하던 암캐에 관심을 기울이지 않고 엉뚱한 암캐만 좇고 있는 내용이었다. 암캐는 그런 수캐를 오매불망 기다리며 몸도 마음도 상처투성이가 되어버렸다.

이런 내용을 쭉 보면서 '저런 나쁜 개가 있나' 하다가 뜬금없는 생각이 들었다. 변함없이 나를 사랑해주는 아내가 새삼 너무 고마웠다. 그리고 이런 생각이 들었다. 이렇게 고마운 아내를 위해 나는 무엇으로 보답해야 하나?

사실 나는 알고 있다. 아내는 나에게 뭔가 큰 것을 바라지 않는다는 사실을 잘 알고 있다. 아내가 나에게 원하는 것은 딱 하나이다. 그저 내가 그 사랑을 알아주고 받아주기만 하면 되는 것이다.

본문 말씀을 묵상하다가 〈TV 동물농장〉을 보던 그때의 상황이 떠올랐다. 원수 된 우리를 위하여 예수 그리스도를 보내주시고, 지극한 사랑으로 우리를 구원해주신 하나님. 그 하나님께서 우리에게 요구하시는 것도 지극히 단순하다. 그 사랑을 알아주고 받아주기만 하면 된다는 것이다. 그 사랑을 거부하지만 말아달라는 것이다. 그 조건만 채워지면 하나님과의 샬롬이 회복된다는 것이다.

예수님을 믿으면서도 누리지는 못하는 모습, 이게 우리의 모습 아닌가? 복음을 정확하게 알아야 할 뿐 아니라 그 복음을 누려야 한다. 그리고 그 하나님의 사랑을 깨달아 즐거워하고 누릴 수 있는 단계로 나아가야 한다. 복음이 주는 기쁨이 얼마나 큰지를 경험해야 한다.

ROMANS

1 그러므로 우리가 믿음으로 의롭다 하심을 받았으니 우리 주 예수 그리스도로 말미암아 하나님과 화평을 누리자 2 또한 그로 말미암아 우리가 믿음으로 서 있는 이 은혜에 들어감을 얻었으며 하나님의 영광을 바라고 즐거워하느니라 3 다만 이뿐 아니라 우리가 환난 중에도 즐거워하나니 이는 환난은 인내를, 4 인내는 연단을, 연단은 소망을 이루는 줄 앎이로다

chapter 4

고난에 대한 달라진 시각

세상이 복잡한가, 머릿속이 복잡한가?

로마서 5장 말씀을 읽고 묵상하다가 문득 내 머릿속에 떠오르는 문장 한 줄이 있었다.

"세상이 복잡한가, 머릿속이 복잡한가?"

소설가 김홍신 씨가 쓴 《인생사용설명서》라는 책에서 발견한 짧은 문장이다. 이 문장이 내 머릿속을 계속 맴돌았다.

흔히들 이 세상이 너무 복잡하고 세상살이가 힘들고 어렵다고 이야기하지 않는가? 저자인 김홍신 씨도 그런 생각을 했다는 것이다. 그런데 어떤 어른이 자기의 속마음을 아시고는 스승처럼 툭, 던져주신 말씀이 바로 이 문장이었다고 한다. '세상이 복잡한가, 머릿속이 복잡한가?' 결국 세상의 문제가 아니고 그것을 바라보는 우리 마음이 문제라는 것이다.

사실 세상이 복잡하다고 하지만, 세상이 복잡하지 않은 적이 있었는가? 나는 여러 종류의 신문을 오랫동안 봐왔는데, 이제껏 신문에서 '드디어 경제가 살아나기 시작했다, 드디어 살맛 나는 세상이 다가오고 있다'라는 기사를 본 적이 없다. 신문만 펼치면 '작년보다 올해가 더 힘들고, 내년은 올해보다 더 힘들 것 같다, 정치도 문제고, 경제도 문제'라는 이야기만 계속 나온다.

세상이 복잡해지지 않기를 기다리는 건 어리석은 생각이다. 그런 날은 오지 않는다. 그러면 어떻게 하는 것이 좋을까? 어떤 어른이 김홍신 씨에게 던져준 화두처럼, '이 세상이 복잡한가, 머릿속이 복잡하지. 세상이 아무리 복잡해도 내가 내 머릿속을 잘 정리하면 이 복잡한 세상을 복잡하지 않게 살 수 있지 않을까?'란 생각을 하게 되었다.

시각이 달라지면 크게 기뻐할 수 있다

그러고 보면 하나님께서 우리에게 전해 주시는 말씀도 다 비슷한 맥락이다. 우리가 잘 아는 대로 바울에게는 '육체의 가시'로 표현되는 그를 괴롭히는 고통이 있었다. 바울을 괴롭히던 '육체의 가시'가 뭐였는지는 학자들마다 의견이 다른데, 어떤 학자들은 '안질'이라고 추측하고, 또 어떤 학자들은 '간질'이라고 추측한다. 성경은 바울을 괴롭게 하는 그 가시가 무엇인지 정확하게 언급하지 않는다.

다만 하나 확실히 알 수 있는 것은, 그것 때문에 바울이 많이 괴로 워했다는 것이다.

그래서 바울은 하나님께 '이 가시 좀 없애주세요'라고 간절히 기도했는데, 하나님이 들어주지 않으셨다. 들어주지 않으신 정도가 아니라 "내 은혜가 네게 족하도다 이는 내 능력이 약한 데서 온전하여짐이라"(고후 12:9)라고 말씀하신다.

무슨 말씀인가? 고난과 관련한 바울의 생각을 바꾸어야 한다는 것이다.

'지금 너를 괴롭힌다고 생각하는 그 가시야말로 내가 너를 겸손한 사람으로 만들기 위해 의도적으로 너에게 마련해준 축복의 장치이다.'

바울에게 이렇게 말씀하고 계신 것이다.

바울은 자신의 문제를 하나님 앞에 가져갔다가 그 문제에 대한 깨달음을 얻고 나자, 고린도후서 12장 7절에서 이렇게 고백한다.

여러 계시를 받은 것이 지극히 크므로 너무 자만하지 않게 하시려고 내 육체에 가시 곧 사탄의 사자를 주셨으니 이는 나를 쳐서 너무 자만하지 않게 하려 하심이라 고후 12:7

바울이 드디어 기도 응답받고 자기를 괴롭히던 가시가 사라진 상태가 된 것이 아니다. 그럼에도 바울의 삶에서 달라진 것이 있다.

자기 육체를 괴롭히는 가시는 여전히 존재하지만 하나님으로 인하여 바울 내면의 생각이 바뀌고 나니까 그 힘든 상황을 수용할 수 있게 된 것이다.

심지어 바울은 9절에서 이런 고백도 했다.

그러므로 도리어 크게 기뻐함으로 나의 여러 약한 것들에 대하여 자랑하리니 고후 12:9

놀라운 고백 아닌가? 이 말씀을 묵상하다가 깨달은 것이 있다. 내 인생이 크게 기뻐하기 위해서는 환경이 달라지길 구하는 것이 아니라 그것을 바라보는 내 시각이 달라져야 한다는 사실을. 상황을 바라보는 나의 태도가 달라지면 내가 직면하고 있는 어려운 현실도 수용하며 감사할 수 있다는 사실을 알게 되었다.

어느 글에서, 바울은 자신을 괴롭히는 육체의 가시를 뽑아내야 하는 대상으로 생각했지만, 하나님은 몸에 있는 가시가 아니라 마음의 가시를 뽑아내야 한다고 생각하셨다는 것이다. 정말 맞는 말이다. 우리 각자에게도 적용해봐야 할 중요한 메시지다.

내 인생의 걸림돌 다시 바라보기

당신의 인생에는 어떤 가시가 있는가? 무엇이 당신을 괴롭히는 걸림돌인가? 많은 경우, 자기 남편이나 아내를 자기 가시라고, 자기 십자가라고 표현하기도 한다. 하지만 진짜 가시는 자기 남편이나 아내가 아니라 그 정도도 용납 못 하는 자기 자신이다.

물론 목회를 하면서 여러 가정을 만나다 보면, 진짜 '가시'라고 할 만한 남편이나 아내들이 있다. 같이 사는 데 인내가 많이 필요한 배우자가 있는 건 사실이다. 그러나 더 많은 경우, 상대방의 문제가 아니라 그 정도도 용납 못 하는 자신의 문제일 경우가 많다. 오랜 결혼생활을 경험하고 내가 내린 결론은, 내 아내가 변해서 내가 행복한 것이 아니란 것이다. 그 사람은 항상 그 자리에서 변하지 않는다. 그 사람을 바라보는 내 태도가 달라지니까 가정이 행복해지는 것이다.

이건 목회도 마찬가지이다. 목회하면서 나를 괴롭히고 무너지게 하는 것은 나를 괴롭히는 어떤 성도가 아니라 그 정도도 용납하지 못하는 나 자신의 연약함임을 잘 안다. 우리에게 주어진 상황도 마찬가지다. 어려운 나의 상황이 문제가 아니라 그 작은 상황도 견뎌내지 못하는 연약한 나의 내면세계가 더 큰 문제인 것이다.

내가 이런 생각들을 하게 된 이유는 본문 3절의 이 말씀 때문이다.

다만 이뿐 아니라 우리가 환난 중에도 즐거워하나니 롬 5:3

예수 믿는 사람들이 추구해야 할 경지는 환난 없는 편안한 삶이 아니라 힘든 환난의 상황조차도 즐거움으로 바꾸어 버릴 수 있는 강한 우리의 내면이다. "세상이 복잡한가, 머릿속이 복잡한가"란 메시지가 바로 이런 성숙한 상황을 말하는 것이다. 하나님의 인도하심을 따라 내 마음의 가시가 제거되고 나면 힘든 상황에서도, 환난 중에도 즐거워하는 인생이 되는 것이다.

이 부분에 대해 좀 더 살펴보자.

장차 얻을 하나님의 영광을 향한 소망

로마서 5장의 문을 열었던 말씀을 기억하는가?

"그러므로 우리가 믿음으로 의롭다 하심을 받았으니."

이 말씀은 로마서 1장부터 4장까지의 말씀 전체를 요약한 것이고, 신학 용어로는 '이신칭의'라고 한다는 것을 앞 장에서 살펴보았다. 그리고 바울은 로마서 5장 1,2절에서 '이신칭의'가 가져다주는 세 가지 놀라운 특권에 대해 언급했다. 첫 번째 특권은 원수 되었던 하나님과 화해해서 하나님과 화평을 누리는 것이고, 두 번째 특권은 하나님과 관계만 회복된 것이 아니라 우리가 마음껏 하나님 은혜의 자리로 나아갈 수 있게 된 것이며, 세 번째 특권이 하나님의 영광을 바라고 즐거워하게 된 것이다.

이중에서 두 번째 특권인 "은혜에 들어감을 얻었으며"가 지금 누리는 특권이라면, 세 번째 특권인 "하나님의 영광을 바라고 즐거워하느니라"는 미래적 소망과 관련된 특권이다.

신앙생활은 그저 오늘 현재만 평안하고 잘 먹고 잘사는 데 국한되는 게 아니다. 신앙의 궁극적인 목표는 현실을 뛰어넘는 미래에 대한 소망을 기대하는 것, 그 소망을 바라는 힘, 이것을 갖는 것이다. 이것이 신앙의 힘이다.

그러면 장차 누리게 될 하나님의 영광을 바라고 즐거워한다고 했는데, 여기 나오는 '하나님의 영광'이 무엇인가? 여기서 '하나님의 영광'이란 것은 다시 오실 예수 그리스도로 말미암아 완전하게 이루어질 하나님의 나라, 그 하나님나라에서 누리게 될 완전한 하나님의 영광을 가리키는 것이다.

영어 성경에서는 2절에 나오는 "하나님의 영광을 바라고 즐거워하느니라"를 'hope'란 단어로 표현했다.

"hope of the glory of God."

우리 신앙생활에서 'hope'(소망, 바라다)란 단어는 진짜 중요한 단어이다. 우리의 신앙생활이 전부 이 땅에서 누리는 것, 이 땅에서 즐기는 것, 이 땅에서 행복한 것에만 집중되어 있다면 그것은 미숙한 반쪽짜리 신앙이다.

믿음은 소망에 대한 자신감

히브리서 11장 1절에서 "믿음은 바라는 것들의 실상이요 보이지 않는 것들의 증거니"라고 했는데, 여기 나오는 '바라는 것들'이란 소망하는 것, 다시 말해서 'hope'이다. 그렇다면 '바라는 것들의 실상'은 무엇을 뜻하는가? '바라는 것들'이 소망하는 것들이라고 한다면, 그 '실상'이란 것은 그에 대한 자신감을 이야기하는 것이다. 그러니까 "믿음은 바라는 것들의 실상이요 보이지 않는 것들의 증거니"라는 말씀은 이렇게 풀 수 있다.

'믿음은 내가 소망하는 것들에 대한 자신감이다. 내가 소망하는 것에 대한 자신감을 갖는 것, 이게 믿음이다.'

여기서 우리가 반성할 것이 있지 않은가? 믿음은 바라는 것들의 실상이고 보이지 않는 것들의 증거이다. 다시 말해 믿음은 우리가 소망하는 것에 대한 자신감이라고 할 수 있는데, 우리의 믿음이 그저 눈에 보이는 현실적인 것에만 머물러 있다면 얼마나 부끄러운 모습이냐는 말이다.

생각하건대 현재의 고난은 장차 우리에게 나타날 영광과 비교할 수 없도다 롬 8:18

기대하는 마음, 또 내가 기대하는 것에 대한 자신감, 이 확증된 마음이 '믿음'이란 것이다. 그 믿음이 있을 때 우리는 환난 중에도 즐거워할 수 있는 것이다.

이제 환난 중에도 어떻게 즐거워할 수 있는지, 3,4절에 나온 내용을 중심으로 좀 더 구체적으로 살펴보자.

다만 이뿐 아니라 우리가 환난 중에도 즐거워하나니 이는 환난은 인내를, 인내는 연단을, 연단은 소망을 이루는 줄 앎이로다 롬 5:3,4

이 말씀에서 우리가 먼저 주목해야 할 것은 '환난'이라는 단어이다. 이 말씀을 가만히 보면, 어떻게 환난 중에도 즐거워할 수 있는지 그 비결을 알 수 있다. 환난 그 자체를 즐기는 게 아니다. 누가 환난을 좋아하겠는가? 환난 자체를 즐거워하는 것이 아니라, 그 환난이 가져다주는 열매를 볼 수 있는 눈이 열렸기 때문에 환난을 즐거워할 수 있다는 것이다.

환난의 의미

먼저 '환난'이란 단어의 의미를 살펴보자. '환난'은 원어로 보면 '억압, 압제'라는 뜻을 가진 단어인데, 특이한 점이 있다. 이 단어가 원래는 포도즙을 짜기 위한 틀을 설명할 때 사용되는 단어라는 것이다. 포도즙을 짜는 기계 안에 포도를 넣으면 포도는 엄청난 무게감과 압력을 감당하지 못하여 으깨짐을 당하게 된다. 이 장면을 상상할 수 있는가?

바로 이런 무게감을 가진 단어가 고린도후서 4장 8절에도 나온다.

우리가 사방으로 욱여쌈을 당하여도 싸이지 아니하며 답답한 일을
당하여도 낙심하지 아니하며 고후 4:8

여기서 '욱여쌈을 당하다'에 해당하는 단어가 본문의 '환난'과 같
은 단어이다. 본문이 말하는 환난은 이럴 정도로 아프고 무거운 의
미를 가진 단어다.

오늘날 우리 그리스도인들이 가진 치명적인 문제가 무엇인가? 예
수 믿으면 복 받는다. 예수 믿으면 부자 된다는 것만 강조하며 가
르치다 보니 환난의 의미를 모른다. 여기서 환난은 예수 그리스도
를 잘 믿는 과정에서 생기는 고통, 예수 그리스도로 인하여 얻어지
는 고통을 의미한다.

당신에겐 지금 예수님 때문에 당하는 어떤 고통이 있는가? 너무
나 혼란스러운 세상을 살아가는 우리이기에 우리가 제대로 된 신
앙생활을 유지하기 위해서는 사방으로 욱여쌈을 당하는 것과 같은
고통이 동반될 수 있다. 세상을 보통 쿠데타를 일으킨 반군이 나라
를 잠시 장악한 것과 같은 상황이라고 하지 않는가? 현실적으로 이
세상에서는 하나님의 이름이 조롱당하고, 하나님의 공의가 잘 세워
지지 않는 이유가 여기에 있다.

우리나라에서 정직하게 사업하면 결코 성공할 수 없다고, 망할 수밖에 없다고 하는 자조 섞인 이야기를 들었던 것은 오래전의 일이다. 만약에 이런 상황이 사실이라면, 예수 제대로 믿어 정직해진 사람이 세상에서 참고 견뎌내야 할 것들이 얼마나 많다는 것인가?

우리 스스로를 점검해보자. 우리에게 예수 믿는다는 이유로 겪어야 하는 어떤 고통이 있는가? 이 고통을 모르다 보니 고통 가운데 경험할 수 있는 하나님의 능력, 하나님의 은혜의 맛을 보지 못하는 것이다.

환난 중에 하나님만 의지함을 배운다

사도 바울의 고백을 들어보자. 그야말로 사방으로 욱여쌈을 당하는 것 같은 답답한 환난 중에도, 그는 낙심에 함몰되어 있지 않았다.

형제들아 우리가 아시아에서 당한 환난을 너희가 모르기를 원하지 아니하노니 힘에 겹도록 심한 고난을 당하여 살 소망까지 끊어지고 우리는 우리 자신이 사형 선고를 받은 줄 알았으니 고후 1:8,9

어떤 상황인지 알겠는가? 지금 글자 그대로 포도즙을 짜는 기계틀 안에 들어가 있는 포도처럼 사방으로 짓눌림을 당하는 상황이라는 것이다. 그것이 너무 고통스러워서 살 소망까지 끊어진 것 같은 상황이라는 것이다. 그런데 말씀이 여기서 끝나지 않는다. 이 고통스러운 현실을 피력한 바로 다음에 어떤 내용이 나오는지 보라.

이는 우리로 자기를 의지하지 말고 오직 죽은 자를 다시 살리시는 하나님만 의지하게 하심이라 고후 1:9

바울은 극심한 환난을 경험하면서, 자기가 겪는 환난이 삶 속에서 더 이상 자기 자신을 의지하지 않고 하나님을 의지하는 법을 배우는 과정이라고 이해했다. 그렇기 때문에 환난 중에도 그저 낙심만 하는 것이 아니라 이 과정을 통해서 하나님을 더욱 의지하는 법을 배우는 유익이 있다는 것이다.

가끔 나 스스로 부끄러운 마음을 가질 때가 있다. 큰 교회의 담임목사가 된 이후로 과연 나에게는 이만한 무게의 믿음이 있는지, 환난이라는 이 통로를 나는 제대로 거쳐냈는지 두려울 때가 있다.

밧모 섬에 갇힌 사도 요한이 눈물로 하는 고백을 보라.

나 요한은 너희 형제요 예수의 환난과 나라와 참음에 동참하는 자라 하나님의 말씀과 예수를 증언하였음으로 말미암아 밧모라 하는 섬에 있었더니 계 1:9

사도 요한은 강단에서 마이크 들고 환난을 이겨내라고 떠들고 있는 게 아니다. 사도 요한은 예수님을 잘 섬기고자 하는 선한 마음 때문에 밧모 섬에 갇혀서 극심한 고난 중에 있다. 그 고난 속에서도 절대로 좌절하지 않고 낙심하지 않는 힘이 어디서 나오는가?

"나 요한은 너희 형제요 예수의 환난과 나라와 참음에 동참하는 자라."

그는 자기가 겪고 있는 극심한 고난을 예수님의 고난에 동참하는 것이라고 인식했다. 그러니까 몸은 힘들지 몰라도 마음의 갈등은 없는 것이다. 이것이 본문이 말하는 '환난'이라는 단어의 의미이다.

환난으로 인내를 맺는다

본문 3절 말씀에서 두 번째로 집중해야 할 단어는 '인내'이다.

"다만 이뿐 아니라 우리가 환난 중에도 즐거워하나니 이는 환난은 인내를⋯."

우리가 환난 중에도 왜 즐거워할 수 있는가? 환난이 '인내'를 가져다주기 때문이다. 여기 나오는 '인내'는 '심한 압박 속에서도 포기하지 않고 오래 견딜 수 있는 힘'을 말한다. 우리가 겪는 환난이 이런 아름다운 덕목을 만들어준다는 것이다. 그렇기 때문에 우리가 환난 중에도 즐거워할 수 있는 것이다.

내 형제들아 너희가 여러 가지 시험을 당하거든 온전히 기쁘게 여기라

이는 너희 믿음의 시련이 인내를 만들어 내는 줄 너희가 앎이라 약 1:2,3

현실적으로 큰 어려움에 처해 있지만 인내로써 환난을 견뎌내는 분들을 나는 많이 알고 있다. 내가 받는 이메일이나 편지 대부분이 이런 이야기들로 가득 차 있다. 우리 교회 성도들도 마찬가지이다. 교회 복도에서 우연히 마주치는 성도 중에는 나를 발견하자마자 눈물부터 쏟으시는 분들이 있다. 인내해야 하는 상황을 오래 견디며 참아온 수많은 세월의 무게감이 그분의 눈물 속에 담겨 있음을 잘 알기에 나도 마음이 아프다. 하지만 이내 눈물을 거두고는 다시 한번 힘내어 보겠다고 기도해달라는 부탁을 하시곤 한다.

"인간적으로는 견딜 수 없는 고난과 고통 중에 있지만 하나님께서 힘을 주셔서 견뎌내고 있습니다. 저를 위해 기도해주시기를 바랍니다."

이 짧은 기도 부탁 속에 얼마나 오랜 인내와 견딤이 담겨 있는지 잘 알기에 그 기도 부탁이 천근처럼 무거운 무게로 다가오곤 한다.

환난이 연단된 인격을 이룬다

본문 3절 말씀에서 주목해야 할 세 번째 단어는 '연단'이다.

"다만 이뿐 아니라 우리가 환난 중에도 즐거워하나니 이는 환난

은 인내를 인내는 연단을⋯."

여기 나오는 '연단'은 헬라어로 '연단된 인격'으로 번역할 수 있는 단어이다. 그래서 영어 성경에는 연단이 'character'(특성, 인격)라는 단어로 표현되어 있다. 그리고 '현대인의 성경'으로 보면 이 부분을 이렇게 번역했다.

"인내는 연단된 인격을, 연단된 인격은 희망을 갖게 한다는 것을 알기 때문입니다."

우리가 왜 환난을 즐거워하는가? 환난은 우리에게 인내를 만들어 주고, 그렇게 오래 참음을 통해 환난은 우리에게 '연단된 인격'을 가져다주기 때문이다.

나에겐 설교자이기 때문에 가질 수밖에 없는 긴장감이 있다. 성도들에게 성숙한 그리스도인으로서의 삶을 살아야 한다고 강조하는 설교자이기에, 과연 내가 이런 말씀을 전할 자격을 갖춘 성숙한 사람인지 돌아보게 된다. 입만 살아 있는 설교자가 되지 않기를 기도하며 소원한다.

같은 차원에서, 나는 우리 교회 젊은 부교역자들에게 가끔 이런 잔소리를 한다. 강단에서 설교하는 설교자다운 삶의 모습을 갖추자고 말이다. 간혹 부교역자 중에서 자기 일상에 어려운 문제가 생기거나 가족에게 문제가 생기면 얼굴이 사색이 되어 우왕좌왕하는 모습을 보일 때가 있다. 그럴 때면 위로도 해주지만, 우리 설교자들의 삶에 어려운 일이 찾아올 때면 우리가 설교한 대로 담대하게 살아보자고 권면하기도 한다. 왜냐하면 삶으로 보여주는 설교가 가장 강력한 설교임을 잘 알기 때문이다.

이런 면에서 나는 '연단된 인격'이라는 표현이 참 좋다. 나의 존재가 '연단된 인격'을 갖춘 성숙한 목회자가 될 수 있도록 기도한다. 이런 성숙한 목회자가 되기 위해서는, 환난은 인내를 인내는 연단된 인격을 가져다준다는 사실을 기억해야 한다.

목회자뿐 아니라 모든 크리스천들은 예수 그리스도의 십자가로 변화된 사람답게 성숙한 인격을 갖추어야 하고, 그리고 그런 성숙한 인격은 환난이 찾아올 때 그것을 인내로써 견뎌내는 과정에서 생겨나는 것임도 기억해야 한다.

환난을 통과한 자의 아름다운 인격이 우리에게 있는가?

욥기 42장을 보면 고난의 과정을 잘 이겨낸 욥이 다음과 같은 아름다운 고백을 한다.

주님이 어떤 분이시라는 것을, 지금까지는 제가 귀로만 들었습니다. 그러나 이제는 제가 제 눈으로 주님을 뵙습니다. 그러므로 저는 제 주장을 거두어들이고, 티끌과 잿더미 위에 앉아서 회개합니다 욥 42:5,6, 표준새번역 환난의 과정을 잘 통과한 욥이 가진 깨달음이 무엇인가? 티끌과 잿더미 위에 앉아서 회개하던 그의 중심에는, '하나님 앞에서 나 자신은 티끌 같고 먼지와 같은 작은 존재이다'라는 깨달음이 있었던 것이다. 하나님 앞에서 자신이 얼마나 보잘것없는 존재인지를 자각했기 때문에 자기의 주장을 거두고 하나님께 회개하는 자리로 나아간 것이다.

오늘날 젊은이들이 교회를 떠난다고 걱정하는 목소리가 많다. 왜 젊은 사람들이 교회를 떠나는가? 교회에 대한 실망 때문이다. 목회자인 나와 기성세대가 연단된 인격, 성숙한 인격을 보이지 않으면 젊은이들은 교회를 시시한 집단으로, 그리고 복음을 시시한 것이라 오해하게 된다. 나는 이것이 두렵다. 연단되지 않은 목회자와 성도들, 그래서 성숙한 인격을 갖추지 못한 사람들이 가득한 시시한 교회가 될까 두렵다.

이런 점에서 우리는 '연단된 인격'을 갖추어 가는 것을 우리의 목표로 삼아야 한다. 그리고 그 일이 가능하도록, 욥처럼 '나는 하나님 앞에서 먼지 같은 존재'임을 인식해야 한다. 그리고 내 힘이 아니라 오직 하나님의 은혜로 얻게 되는 힘으로 환난을 잘 통과해야 한다. 그래야 '연단된 인격'이라는 성숙의 자리로 나아갈 수 있게 된다. 이런 점에서 우리는 환난과 연단을 두려워하지 말고 우리를 성숙의 자리로 이끄는 하나님의 도구라고 생각해야 한다.

찰스 스펄전이 이런 말을 했다.

"내가 슬픔과 고통 중에 얻은 유익을 다 합치면 헤아릴 수조차 없다. 고통은 내 집에서 최고의 가구요 목사의 서재에서 최고의 책이다."

내 서재에도 책이 많다. 책이 너무 많아서 더 꽂을 데가 없을 정도다. 그런데 이렇게 돈 주고 산 책은 많은데, 환난을 통과한 사람들이 누리는 '연단을 통해 얻은 책'이 내 서재에도 있는지 돌아보게 된다.

그러나 내가 가는 길을 그가 아시나니 그가 나를 단련하신 후에는 내가 순금같이 되어 나오리라 욥 23:10

언젠가 욥이 했던 이 고백이 내 입술의 고백이 되기를 바란다. 그리고 우리 모든 성도들의 고백이 되기를 바라며 기도한다. 그래서 주님이 허락하시는 '연단된 인격'을 소유하게 되기 바란다.

소망에 소망이 쌓이는 선순환

본문에서 마지막 네 번째로 집중해야 할 단어는 '소망'이다.

"인내는 연단을, 연단은 소망을 이루는 줄 앎이로다."

지금까지 말씀의 흐름을 정리해보면, 3절에서 시작된 '환난'이라는 고통스러운 과정을 거쳐서 도달해야 할 최종 목표가 '소망'이라는 사실을 깨닫게 된다. 환난의 마지막 종착지가 소망을 얻게 되는 것이기 때문에 환난 중에도 즐거워할 수 있다는 것인데, 본문의 구조가 참 묘하다. 2절 말미에 보면 '이신칭의'로 말미암아 하나님의 영광을 바라고 즐거워하게 되지 않았는가? 다시 말해 이미 소망을 얻었다. 하나님의 선물인 이신칭의로 우리는 이미 소망을 소유했고, 우리가 가진 소망의 힘으로 환난을 이겨낼 수 있는(즐거워할 수 있는) 원동력을 얻었다고 했는데, 환난을 잘 이겨냈더니 얻게 되는 것이 또 소망이다. 이것이 무엇을 의미할까?

그리스도인의 이 땅에서의 삶은 '선순환'이다. 환난이 찾아오면 믿음 없는 사람들은 그것 때문에 절망하고 좌절하고 낙심하는데, 그리스도인은 우리가 가진 소망으로 이 환난을 즐거워하는 것으로 만들어버린다. 그리고 환난을 이겨내는 과정을 통해 더 큰 소망이 생긴다. 이미 있는 소망에 소망이 더욱 강화되는 것이다.

이 소망이 강화되니까 그 이후에 찾아오는 환난을 이겨낼 힘이 더욱 강해지는 것이고, 그 강화된 소망으로 환난을 이겨내니 더 큰 소망이 나를 지배하게 되는 것이다. 이 선순환이 그려지는가?

나이테처럼 환난으로 인한 소망이 겹겹이 세워진 '연단된 인격'을 가진 성도가 되는 꿈을 꾸자. 그래서 이 땅에서 겪게 되는 어려움과 환난을 거뜬히 감당하고도 남는 강한 크리스천으로 살아가자. 그리고 그런 성도들의 특징인 하늘 소망을 품고 살아가자. 이 과정에서 기억해야 할 것은 이런 과정 전체에 개입하시는 하나님을 의지하는 태도를 놓치지 않는 것이다. 이것을 꼭 기억해야 한다. 그래야 온전한 성장과 성숙의 선순환을 누릴 수 있게 된다.

하나님을 의지하는 자들만 누리는 기쁨

이런 맥락으로 나 자신을 비추어 보면 머리가 복잡해질 때가 있다. 하나님이 나를 다루실 때, 때때로 나 자신의 인격을 시험하시는 자리로 몰고 가실 때가 있음을 느낀다. 그럴 때면 어김없이 나의 초라한 인격이 드러난다.

큰 교회 담임목사다 보니 겉은 화려하게 보일지 모르지만, 내가 보는 나 자신은 작고 초라하다. 인격도 이래선 안 되겠고, 설교도 시간이 갈수록 깊이를 더해가야 하는데 그러지 못하는 것 같아서 괴롭다. 심령과 골수를 찔러 쪼갠다는 하나님의 말씀을 왜 이렇게밖에 전하지 못 하는지 갈수록 마음이 답답하다.

그래서 스스로가 초라해지곤 하는데, 세월이 지나면서 경험하는 것이 있다. 이렇게 자신의 초라함으로 마음이 무너질 때마다 하나님은 나를 들어서 하나님만 의지하는 자들이 누리는 기쁨의 자리로 인도해주신다는 것이다.

그래서 마음이 무겁고 괴롭고 눈물이 나는 일을 겪으면, 마음 한편은 아프고 쓰라리지만 또 다른 한편으로는 소망이 생긴다. 나의 힘과 의지로 만든 소망이 아니라 오직 하나님께서 선물로 주시는 소망 말이다.

이신칭의의 놀라운 하나님의 은혜가, 그리고 우리가 겪는 환난조차도 즐거움으로 바꾸어주시는 놀라운 하나님의 인도하심이 현재의 나의 삶뿐 아니라 미래를 소망하게 하는 힘을 가져다준다. 그래서 나의 입술에서 "나의 작음을 알고 그분의 크심을 알며", "소망, 그 깊은 길로 가길 원하네"라는 찬양을 흥얼거리게 만든다. 고난이 많은 이 세상이지만, 그 고난에 대한 달라진 시각을 가지고 힘내어 달려가기를 축복한다.

ROMANS

5 소망이 우리를 부끄럽게 하지 아니함은 우리에게 주신 성령으로 말미암아 하나님의 사랑이 우리 마음에 부은 바 됨이니 6 우리가 아직 연약할 때에 기약대로 그리스도께서 경건하지 않은 자를 위하여 죽으셨도다 7 의인을 위하여 죽는 자가 쉽지 않고 선인을 위하여 용감히 죽는 자가 혹 있거니와 8 우리가 아직 죄인 되었을 때에 그리스도께서 우리를 위하여 죽으심으로 하나님께서 우리에 대한 자기의 사랑을 확증하셨느니라

로마서 5:5-8

확신과 감격

소망의 근거

지난 장에서 우리는 로마서 5장 1절인 "우리가 믿음으로 의롭다 하심을 받았으니"라는 말씀이 주는 힘이 얼마나 강력한지, 이 믿음이 환난조차도 즐거움으로 바꿀 만큼 큰 능력을 가지고 있다는 것에 대해 살펴보았다.

신앙생활이란 것이 그저 오늘 현재를 잘 살도록 하는 힘을 제공해주는 것으로 그치지 않고 보다 근본적으로는 미래를 소망하게 하는 힘인 것을, 이것을 제공해주는 것이 우리가 가진 믿음임을 자각해야 한다. 신앙은 소망하는 것임을 기억하자. 그래서 장차 오실 예수 그리스도께서 다스리실 그 나라, 온전한 하나님의 영광이 나타날 그 나라를 꿈꾸고 사모하고 소망하자. 그리고 그 소망이 오늘의 어려운 환경을 이겨낼 수 있는 에너지와 힘을 제공해준다는 사실을 경험하자.

이런 말을 하면 또 이런 질문이 가능하다. 신앙생활에 있어서 소
망이 중요하다는 것은 알겠는데, 그 소망이 진짜인지 가짜인지 어
떻게 아느냐는 것이다. 소망을 믿었다가 그 소망이 나를 실망시키
면 어떻게 하느냐는 질문을 할 수 있지 않은가? 바로 이런 문제에
대해 다루고 있는 것이 로마서 5장 5절 말씀이다.

소망이 우리를 부끄럽게 하지 아니함은 우리에게 주신 성령으로 말미
암아 하나님의 사랑이 우리 마음에 부은 바 됨이니 롬 5:5

같은 말씀을 표준새번역 성경으로 보면 이렇다.

이 희망은 우리를 실망시키지 않습니다. 그것은, 하나님께서 우리에
게 주신 성령으로 하나님의 사랑을 우리 마음속에 부어주셨기 때문
입니다 롬 5:5, 표준새번역

이게 무슨 뜻인가? 우리가 가진 소망은 절대 우리를 실망시키지
않는다는 것이다. 왜냐하면 우리가 가진 소망이 인간의 흔들리는
약속이나 인간의 무엇에 바탕을 둔 것이 아니라 변하지 않는 하나
님의 사랑에 근거를 두었기 때문이다.

사실 인간의 약속이란 참으로 허약하다. 인간의 약속을 믿었다

가 상처받는 경우가 많지 않은가? 이것이 현실임에도 인간끼리 많은 약속을 주고받는다.

인간이 하는 많은 약속 중에 가장 진실한 약속이 혼인 서약이 아닐까? 결혼식장에 서서 "죽을 때까지 이 남자만을, 이 여자만을 사랑하겠습니다"라고 고백하는 이 사랑의 고백을 장난으로 하는 사람이 어디 있겠는가? 결혼식 주례를 하다 보면 가장 엄숙한 순간이 신랑과 신부가 혼인 서약을 하는 시간이다. 주례자로서 나는 혼인 서약을 본인이 낭독하도록 한다. 그러면 때로 입술을 부르르 떨면서 혼인 서약을 하기도 하고, 또 때로는 감격에 겨워서 눈물을 흘리며 혼인 서약을 하기도 한다. 너무나 엄숙하고 거룩한 순간이다. 이처럼 결혼식장에서 '평생을 이 남자만을, 이 여자만을 사랑하겠다'라고 그렇게 진실하게 고백하는데, 왜 시간이 지나면 가정에 위기가 찾아오는가? 결혼식장에서 눈물로 고백했던 그 혼인 서약이 거짓이었던가? 아니다. 결혼식장에서 했던 혼인 서약은 너무나 거룩하고 순결한, 순도 높은 진실한 고백이었다. 그러나 그럼에도 가정에 위기가 찾아오고, 배우자 말고 다른 이성에게 눈을 돌리는 일이 발생하는 것은, 그 약속이 거짓이어서가 아니라 그 약속을 지킬 힘이 우리 인간에게 없기 때문이다.

지금 이 시대는 옛날 어른들의 시대보다 이혼율이 급증했는데, 이게 젊은 세대가 옛날 어른들보다 혼인 서약을 장난스럽게 해서 그런 것이 아니라고 말할 수 있는 이유가 여기에 있다. 이 사실을 기억해야 한다. 우리는 결혼식장에서 우리가 행하는 결혼 서약을 지킬 힘이 없는 연약한 인생들이다.

그래서 나는 혼인 서약을 하고 나면 신랑 신부에게 꼭 이런 이야기를 해준다.

"나는 방금 신랑 신부가 한 서약이 진실하다는 것을 100퍼센트 믿지만 우리는 이 약속을 지킬 힘이 없는 존재라는 사실을 기억해야 합니다"

그러면서 성경책에 손을 얹고 함께 기도하게 한다. 그리고 그 성경책을 신랑 신부에게 선물로 주면서 방금 손을 얹고 기도했던 이 순간을 기억하라고 당부한다. 이 성경책을 집에 보관하고 흔들릴 때마다, 위기가 올 때마다, 다른 이성에게 눈이 갈 때마다 이 성경 앞에서 했던 약속을 기억하고 이 성경 말씀을 의지해서 하나님께 구하라는 것이다. 무엇을 구해야 하는가?

'하나님, 제가 이 여자만을, 이 남자만을 사랑하기로 약속했는데 이 약속을 지킬 힘이 저는 없습니다. 이 약속을 지킬 힘을 주실 분은 하나님이신 줄 믿고 의지합니다.'

가정은 하나님이 주시는 힘에 의지해서 유지하는 것이지 자기 의지력으로 유지되는 것이 아니다. 인간은 믿음의 대상이 아니다. 인간은 다 긍휼히 여길 대상일 뿐이다.

만약에 어떤 소망이 생겼는데 그 소망의 근거가 내가 의지하는 어떤 인간에게서 나오는 것이라면 우리는 알아야 한다. 그 소망은 무너지기 쉬운 연약한 소망이라는 사실을 말이다. 그렇기 때문에 우리가 가진 소망의 근거가 인간의 약속이나 의지에서 나오는 것이 아니라 5절에서 바울이 말하는 것처럼 '부어주시는 하나님의 사랑, 변치 않는 하나님의 사랑'에 담겨 있기를 간절히 바란다. 바울이 강조하는 것이 바로 이것이다.

하나님의 사랑이 계속해서 부어지고 있다

여기서 한 가지 꼭 짚고 넘어가야 할 중요한 것이 있다. 5절을 다시 보자.

"소망이 우리를 부끄럽게 하지 아니함은 우리에게 주신 성령으로 말미암아 하나님의 사랑이 우리 마음에 부은 바 됨이니."

여기 나오는 "우리 마음에 부은 바 됨이니"라는 표현이 중요하다. 이 부분을 헬라어로 보면 시제가 현재완료형이다. 현재완료형은 '과거 어느 시점에서 일어난 행위가 현재에도 계속 영향을 미치고 있을 때' 사용하는 시제이다. 그러니까 '우리 마음에 부어졌다'라는 표현은 우리가 예수님을 영접하던 시점에서 부어지기 시작해서 지금도 계속 부어지고 있음을 강조하는 표현이다. 이것을 알아야 한다.

예수 믿은 이후에도 우리를 무너지게 하려는 유혹이나 공격이 많다. 그러나 기억해야 할 것이 있다면, 나를 비참하게 만들려고, 나를 넘어뜨리려고 하는 사탄의 공격도 계속해서 부어지고 있지만, 이 사탄의 공격보다 더 강력한 것이 있다. 이런 악한 세상을 살아가는 우리를 위해 부어주시는 하나님의 사랑이 그것이다. 그리고 그 사실을 깨닫게 해주시는 성령님이 내 안에서 계속 그 사실을 상기시켜 주신다. 이것이 우리가 가진 강력한 힘이다.

우리가 이 사실을 기억한다면 혼란한 세상을 살아가는 우리 삶에 엄청난 변화가 일어날 것이다. 지금이라도 이 사실을 기억하자. 하나님의 사랑은 지금도 내 삶에 끊임없이 부어지고 있으며, 또한 성령님은 끊임없이 그 사실을 우리에게 가르쳐주고 계신다는 사실을 말이다.

예수 십자가의 보혈이 우리 소망의 근거

하나님의 사랑이 계속해서 부어지고 있다는 5절 말씀은 정말 중요하다. 그런데 여기서 더 중요한 것은 본문 말씀의 흐름이다. 바울은 소망의 근거가 '부어주시는 하나님의 사랑'에 있다고 피력하고는 6절부터 8절까지 그 부어주시는 하나님의 사랑이 무엇인지 구체적으로 설명하는데, 나는 개인적으로 성경 전체에서 가장 핵심이 되는 말씀 중 하나가 바로 이 구절이라고 생각한다.

우리가 아직 연약할 때에 기약대로 그리스도께서 경건하지 않은 자를 위하여 죽으셨도다 의인을 위하여 죽는 자가 쉽지 않고 선인을 위하여 용감히 죽는 자가 혹 있거니와 우리가 아직 죄인 되었을 때에 그리스도께서 우리를 위하여 죽으심으로 하나님께서 우리에 대한 자기의 사랑을 확증하셨느니라 롬 5:6-8

본문의 흐름을 잘 기억해야 한다. 첫째, 내 소망은 절대로 나를 실망시키지 않는다. 왜냐하면 이 소망은 부어주시는 하나님의 사랑에 근거를 두기 때문이다. 둘째, 그 부어주시는 하나님의 사랑이란 예수 그리스도께서 십자가에서 우리를 위하여 죽어주신 보혈의 은혜를 말한다. 이것이 본문의 흐름이다.

결론적으로 말해서 부어주시는 하나님 사랑의 극치, 우리 소망의 근거는 예수 그리스도께서 달려 돌아가신 십자가 사랑에 있다는 것이다. 이제 이 본문을 중심으로 십자가를 소망의 근거로 삼는 사람들이 꼭 갖춰야 하고 회복해야 할 것 두 가지를 나누려고 한다.

구원의 확신을 회복하라

첫째로, 십자가가 우리 삶의 소망이 되기 원한다면 '구원의 확신'을 회복해야 한다.

우리가 아직 연약할 때에 '기약대로' 그리스도께서 경건하지 않은 자

를 위하여 죽으셨도다 롬 5:6

이 말씀에서 주목해야 할 한 마디가 있다면 '기약대로'이다. 영어 성경으로 보면 NIV에는 'at just the right time'(딱 맞는 때에)으로 되어 있고, KJV에는 'in due time'(때가 되면)으로 되어 있다. 이것이 무슨 의미인지에 대해 묵상하다가 가끔 후배 목사들이 내게 했던 질문이 떠올랐다.

"목사님, 목회가 무엇입니까?"

이런 질문을 받을 때마다 나는 이런 이야기를 들려준다.

"목회란 '개는 짖어도 기차는 간다'를 복창하는 것이다."

이게 무슨 뜻인가? 상황에 흔들리지 말고 중심을 갖고 목회하라는 것을 강조한 말이다.

목회를 하다 보면 여러 가지 상황에 직면하게 된다. 때로는 사람들이 과하게 칭찬하고 떠받들 때가 있고, 때로는 참으로 억울한 모함을 당할 때가 있다. 이처럼 이런저런 상황에 직면하게 되는 것이 목회인데, 그럴 때마다 그런 현실적인 상황에 흔들리다 보면 목회가 제대로 이루어질 수 없다. 목회의 위기가 온다. 상황이 어려워서가 아니라 그런 상황에 흔들리는 것이 위기를 몰고 온다. 그렇기 때문에 어떤 상황이 닥치더라도 그런 상황에 흔들리지 않고 우직하게 나아가는 것이 중요하다. 그리고 그러기 위해서는 중심을 잡는 것이 필요하다. 이런 차원에서 목회자는 '하나님이라는 기준과 중심'

을 올바로 세우고 그 하나님께서 생각하시는 '하나님의 타이밍'으로 한 걸음 한 걸음 발걸음을 옮기는 것이 중요하다. 이것이 내가 후배들에게 조언하는 '개는 짖어도 기차는 간다'의 의미다.

교회도 마찬가지이다. 교회야말로 지금 겪고 있는 상황에 영향받는 것이 아니라 하나님께서 허락하신 그 길을 우직하게 일정한 속도로 나아가야 하는 공동체이다.

본문에 나오는 '기약대로'라는 말씀을 주목하는 이유도 여기에 있다. 하나님은 하나님의 계획대로 일을 진행하시는 분이다. 이 흐름을 놓쳐서는 안 된다. 개가 어떻게 짖든지 하나님은 하나님의 주권을 가지고, 하나님의 타이밍에 맞추어 하나님의 구원 사역을 이루어 가신다.

믿음이 조금 성장했다고 우월감을 가져서는 안 된다. 반대로 지금 신앙의 침체에 빠지거나 해서는 안 되는 죄를 짓고 부끄러운 자리에 빠져서 '이제 하나님은 나 같은 것은 사랑하지 않는다. 나는 하나님 사랑의 자격을 잃어버렸다'라고 생각에 사로잡혀서도 안 된다. 하나님은 이런 인간의 모습으로 그분의 구원 계획을 변경하시는 분이 아니다.

우리는 세상에서 경험하는 조건적인 사랑에 너무 익숙해 있다. 이것이 우리 신앙생활에도 영향을 미칠 때가 많다. 그러다 보니 우리가 저지른 죄로 인해서 하나님의 자녀로서의 자격을 잃어버렸다고 생각하기도 하고, 그 반대편에 서서 생각할 때도 많다. 이럴 때마다 기억해야 한다. 하나님의 사랑은 이런 것에 좌지우지되지 않는다는 사실을. 영적으로 침체에 빠져 있는가? 그냥 툭툭 털고 일어나면 된다. 일어나서 십자가 앞으로 나아가서 회개하고 용서를 구하면 된다.

지금 넘어져 있다면 주님의 이름으로 일어서보라. 나에게 일어설 힘이 있었음을 깨닫게 될 것이다. 그래서 예수 믿는 사람이 갖춰야 할 것 중 하나가 하나님 앞에서 얼굴에 철판을 까는 것이다. 사람 앞에서는 그러면 안 되지만, 하나님 앞에서는 뻔뻔해져도 괜찮다.

'하나님께서 나를 얼마나 많이 용서해주셨는데, 어떻게 또 똑같은 죄를 반복해서 저지를 수 있나? 이제 회개할 자격도 잃어버렸다.'

이런 생각을 가지고 더 이상 회개의 자리로 나아가지 않는 사람이 있다면 그는 세상에서 가장 미련한 사람이다.

어린 사춘기 아이가 부모 앞에서 하는 행동을 따라하면 된다. 어제 그렇게 부모 속을 뒤집어 놓았던 그 아이가 다음 날 아침에 헤헤 웃으며 "아빠, 마음 상하게 해드려서 죄송해요. 그래도 여전히 저 사랑하시죠?" 하고 매달린다. 이런 뻔뻔함을 배워야 한다. 왜냐하면 우리 아버지 되신 하나님도 이런 자녀를 원하시기 때문이다. 이런 뻔뻔함을 가지고 하나님 앞으로 나아가야 한다. 그리고 이런 뻔뻔함을 가지고 회개해야 한다. 그러면 하나님께서는 '일곱 번뿐 아니라 일곱 번씩 일흔 번이라도 용서하라'라고 하신 그 말씀을 당신에게 그대로 적용하신다.

구원의 역사는 인간의 몸부림과 노력으로 결정되는 것이 아니다. 내가 로마서를 읽어나갈 때 5장 1절이 1장부터 4장까지의 내용을 요약해놓은 구절이라고 언급했었다. 바로 '이신칭의'다.

혹시라도 '이처럼 큰 은혜를 받았는데 나도 착한 행위로 하나님 은혜에 보답해야지', 이런 결심을 한다면, 이 결심이 귀하고 기특하긴 하지만 여기에 위험이 도사리고 있음을 꼭 기억해야 한다. 그 생각의 출발이 비록 하나님께서 주신 은혜에 대한 선한 반응이라 할지라도, 그것이 자칫 나의 '행위'에 초점을 둘 위험이 있기 때문이다.

로마서 1장부터 4장이 자격 없는 나를 구원해주신, 다시 말해 의롭지 않은 나를 의롭다고 인정해주시고 '칭의'의 은혜를 주신 하나님의 사랑을 담고 있다면, 이제 온전한 구원의 역사가 이루어질 때까지 하나님이 시작하신 구원의 역사는 내가 어떤 자리에 빠지든 간에 하나님이 반드시 이루어주신다. 신학적인 용어로는 '영화'라고 하는데, 이 사실을 믿음으로 고백하는 것이 로마서 5장 이후로 전개되는 말씀이다. 그러니 우리의 신앙생활이 '나의 행위'를 의지하는 모양으로 전개되면 안 된다.

이런 관점으로 바울을 보자. 사람들이 바울을 위대한 인물이라고 떠받드는데, 그때 바울은 어떻게 고백하는가?

내 속 곧 내 육신에 선한 것이 거하지 아니하는 줄을 아노니 원함은

내게 있으나 선을 행하는 것은 없노라 롬 7:18

바울을 따르는 사람들 입장에서는 매우 당황스러운 고백 아닌가? 바울의 고백은 여기서 그치지 않는다.

내가 원하는 바 선은 행하지 아니하고 도리어 원하지 아니하는 바 악을 행하는도다 … 그러므로 내가 한 법을 깨달았노니 곧 선을 행하기 원하는 나에게 악이 함께 있는 것이로다 … 오호라 나는 곤고한 사람이로다 이 사망의 몸에서 누가 나를 건져내랴 롬 7:19,21,24

가끔 친구 목사가 내 설교를 듣고 나한테 주책이라고 말할 때가 있다. 설교에서 그렇게까지 오픈할 이유가 있느냐는 것이다. 목회자가 자꾸 자기 약함을 드러내면 성도들이 시험에 들 수도 있으니 좀 절제하라는 충고도 해준다. 듣고 보니 맞는 말 같다. 성도들이 나를 엄청 약하고 못나고 악한 인간으로 오해하면 안 될 것 같아서 나의 부끄러운 모습을 드러내는 것을 절제해야겠다고 생각하게 된다. 그러나 이런 생각을 하다가도 사도 바울을 보면 또 그게 아닌 것 같다.

사도 바울이 어떤 사람인가? 그는 나 같은 동네교회 목사가 아니다. 그는 한 시대를 풍미하는 위대한 종이다. 이런 위대한 사도를 사람들은 다 위대한 종이라고 떠받드는데, 바울은 자신을 어떤 사람이라고 고백하는가?

 '사람들이 잘 몰라서 나를 위대한 종이라고 평가하지만 그러나 사실 내 속에는 선한 것이 없다. 선함을 향한 소원은 내게 있지만 선을 행할 수 없는 것이 바로 나다.'

 바울이 이렇게 처절하게 고백하고 있다. 우리가 바울을 존경하는 것은 그의 위대한 행위 때문이 아니다. 바울도 우리와 같이 육신의 연약함으로 고뇌했고, 내면의 갈등은 똑같았던 사람이다. 물론 우리처럼 죄에 넘어지는 일은 훨씬 적었겠지만 말이다. 그래도 우리는 바울을 보고 실망했다고 하지 않는다. 왜냐하면 바울이 위대한 것은 그의 선한 행위 때문이 아니라, 연약한 자기 자신을 발견하고는 이것을 절망으로 몰고 가지 않고 하나님을 더욱 의지하며 붙잡는 쪽으로 나아갔기 때문이다.

 그래서 로마서 7장을 건너 8장의 마지막 결론이 이렇게 내려지는 것이 우리 모두에게 큰 감동을 가져다준다.

 내가 확신하노니 사망이나 생명이나 천사들이나 권세자들이나 현재 일이나 장래 일이나 능력이나 높음이나 깊음이나 다른 어떤 피조물이라도 우리를 우리 주 그리스도 예수 안에 있는 하나님의 사랑에서 끊을 수 없으리라 롬 8:38,39

 바로 앞에서 "나는 곤고한 사람이로다 이 사망의 몸에서 누가 나를 건져내랴"라고 처절하게 고백했던 바울이었지만, 그러나 그럼에도 불구하고 그는 '내가 아무리 연약해도 그런 것으로 하나님의 구원이 흔들리지 않는다, 예수 안에 있는 하나님의 사랑에서 나를 끊을 존재는 아무도 없다'라고 구원의 확신에 차서 고백하고 있다.

우리는 사도 바울이 가진 이런 확신이 있는가? 바울이 가진 이런 확고한 구원의 확신이 바울을 바울 되게 만들었음을 기억해야 한다. 그리고 우리도 비록 우리 스스로는 연약하고 부끄러운 존재라 할지라도 이런 것에 영향받지 않으시는 하나님을 바라보며 더욱 확신의 자리로 나아갈 수 있기 바란다. 하나님은 참으로 '개는 짖어도 기차는 간다, 너희들이 가진 연약한 모습 때문에 하나님의 구원 계획이 흔들리지 않는다'라고 하신다. 어떤 경우에라도 끊어지지 않고 계속해서 부어지는 십자가 사랑으로 우리는 하나님의 자녀가 되었다는 이 확신을 회복하길 바란다.

구원의 감격을 회복하라

둘째로, 십자가가 우리 삶의 소망이 되기 원한다면 구원의 확신을 가질 뿐 아니라 그것이 우리 삶에서 '구원의 감격'으로 나타나야 한다.

로마서 5장에 보면, 바울이 계속 비슷한 말을 반복하고 있는 것을 볼 수 있다.

우리가 아직 연약할 때에 기약대로 그리스도께서 경건하지 않은 자를 위하여 죽으셨도다 의인을 위하여 죽는 자가 쉽지 않고 선인을 위하여 용감히 죽는 자가 혹 있거니와 우리가 아직 죄인 되었을 때에 그리스도께서 우리를 위하여 죽으심으로 하나님께서 우리에 대한 자기의 사랑을 확증하셨느니라… 곧 우리가 원수 되었을 때에 그의 아들의 죽으심으로 말미암아 하나님과 화목하게 되었은즉 화목하게 된 자로서는 더욱 그의 살아나심으로 말미암아 구원을 받을 것이니라

롬 5:6-8,10

여기 보면 '우리가 아직 연약할 때', '경건하지 않은 자를 위하여', '우리가 아직 죄인 되었을 때', '우리가 원수 되었을 때에' 같은 표현들이 반복해서 강조되는 것을 볼 수 있는데, 사실 이 반복되는 표현들이 다 같은 말 아닌가? 물론 강조점이 조금씩 다르긴 하지만 근본적으로는 같은 말이다.

바울은 왜 이렇게 비슷한 문장을 반복하고 있는 것인가? 본문에서 바울이 말하고자 하는 강조점은 두 가지다. 하나는 우리가 이런 큰 은혜를 누릴 자격이 없는 인생이었다는 것이다. 도무지 그럴 가치가 없는 비참한 존재였다는 것이다. 또 하나는 그런 가치 없는 인생을 위하여 하나님이 얼마나 엄청난 대가를 지불하셨는지를 강조하고 있다.

바울은 이 두 가지 사실을 교차하면서 엄청난 감격을 선포하고

있는 것이다. 사도 바울이 로마서 5장에서 반복하여 외치는 구원에 대한 감격이 우리에게도 회복된다면, 거기서 큰 능력이 나타나게 될 것이다.

우리 내면에도 이런 구원의 감격이 넘쳐난다면, 이 가치 없는 나를 하나님의 크신 은혜와 사랑으로 용서해주셨다는 사실이 가슴 벅참으로 넘치게 된다면 우리도 또한 기꺼이 사랑으로 상대방의 허물을 덮어주고 용서하는 힘이 생겨나게 될 것이다. 나도 이런 경험을 여러 번 했다.

더 벅찬 감격을 위해 기도하라

그런데 사실은, 이런 뜨거운 은혜에 대한 감격이 넘쳐남에도 현실적으로 용서가 안 되는 경우도 여러 번 있었다. 살아가다 보면, 아무리 은혜를 넘치게 받아도 도저히 용서가 나오지 않는 상황이 온다. 그럴 때 기억해야 할 것은, 용서하기 위해 더 많이 노력하는 나의 노력이 이 문제를 해결하지 못한다는 사실이다. 용서는 내가 더 애써야겠다는 결심으로 가능해지는 것이 아니다.

그렇기 때문에 이미 나의 내면에 구원의 감격이 넘치고 있다 하더라도 더 크고 가슴 벅찬 구원의 감격을 위해 기도해야 한다. 십자가 사랑이 무한한 것처럼, 그 십자가 사랑에 대한 감격도 무한하다. 그 감격이 나를 뒤덮어야 한다. 이미 십자가 사랑으로 용서함 받은 사실에 대한 감격이 있다 하더라도 더 충만한 은혜와 감격을 사모해야 한다. 그래야 내 힘으로 할 수 없는 용서를 행할 수 있다. 자기 아들을 죽인 원수를 용서한 정도가 아니라 사랑으로 양자 삼았던 손양원 목사님이 보여주신 모범이 이것 아닌가?

다시 강조한다. 용서를 베풀기 전에 먼저 우리는 주님께서 보여주신 십자가 사랑과 용서에 대한 감격을 회복해야 한다. 하나님께서 우리 삶에 구원의 감격을 회복시켜주시기를 바란다.

지금 무슨 일로 흔들리고 있는가? 무슨 일로 회의에 빠져 있는가? 소망의 근거는 초라한 나로부터 기인하는 것이 아니다. 소망이 절대로 나를 실망시키기 않는 것은, 그 소망의 근거가 부어주시는 하나님의 사랑에 있기 때문이다. 이 사실을 기억하며 구원의 확신과, 그 구원의 확신이 가져다주는 구원의 감격을 회복하여, 결코 끊어지지 않는 그 사랑을 누리길 바란다.

은혜가 스린다

9 그러면 이제 우리가 그의 피로 말미암아 의롭다 하심을 받았으니 더욱 그로 말미암아 진노하심에서 구원을 받을 것이니 10 곧 우리가 원수 되었을 때에 그의 아들의 죽으심으로 말미암아 하나님과 화목하게 되었은즉 화목하게 된 자로서는 더욱 그의 살아나심으로 말미암아 구원을 받을 것이니라 11 그뿐 아니라 이제 우리로 화목하게 하신 우리 주 예수 그리스도로 말미암아 하나님 안에서 또한 즐거워하느니라

로마서 5:9-11

chapter 6

<h1>하나님 안에서 즐거워하라</h1>

행복해 보이지만, 행복하지 않은 시대

우리가 살아가는 시대를 표현하는 키워드들이 참 많다. 《트렌드 지식 사전 6》이라는 책을 본 적이 있는데, 그 책에 우리 시대를 설명하는 많은 키워드들이 열거되어 있었다. 그중에 눈에 띄는 게 하나 있었는데, '기쁨 강박 시대'란 키워드였다.

'기쁨 강박 시대'란 사람들이 SNS 등을 통해서 내가 다른 사람들보다 얼마나 더 행복하게 사는가를 보여주려고 안간힘을 쓰는 현상을 뜻한다고 한다. 예를 들면, 가족끼리 외식하면 식당에서 행복하게 식사하는 사진을 찍어서 SNS에 올린다. 그렇게 하는 배경에는 우리 가족의 행복한 모습을 보여주고자 하는 현대인들의 심리 상태를 반영하는 경우가 많다는 것이다.

이런 것까지 나무랄 수는 없지만, 이것이 지나치면 균형을 잃게 된다. 여행의 목적이 오로지 사진 찍어 SNS에 올리려는 것밖에 없다면, 그래서 사진 찍는 것 말고는 아무것도 한 것이 없는 여행이라면 균형을 잃은 행동 아니겠는가? 이렇게 한쪽으로 치우치다 보니 부작용도 만만치 않다.

전문가들에 의하면 '기쁨 강박 시대'를 사는 현대인들이 '기쁨 스트레스'에 시달리고 있다는 것이다. '기쁨 강박'이니 '기쁨 스트레스'니 하는 표현들이 생소하다.

이런 내용의 글을 읽으며 나는, 겉으로는 행복해 보이지만 사실은 행복하지 않은 사람들의 모습이 떠올랐다. 그리고 이런 현실이 마음을 씁쓸하게 했다.

중독에 시달리는 시대

그런가 하면 이 시대에 나타나는 병리현상 중 하나가 각종 중독에 노출되어 있다는 것이다. 어린아이들의 경우 게임 중독이 심각하다. 성인들의 경우 도박 중독, 음란물 중독 같은 게 보통 문제가 아니다. 그리고 최근에는 마약 중독이 우리 사회에 큰 문제로 대두되고 있다. 이렇게 현대인들이 이런저런 중독에 노출되어 있다는 것은 무슨 의미일까?

중독과 관련된 짧은 동영상 강의를 본 적이 있는데, 영국의 저널리스트이자 작가인 요한 하리의 강의였다. '당신이 중독에 관해 안다고 생각하는 모든 것은 잘못되었습니다'라는 제목의 강의였는데, 요한 하리는 강의에서 심리학자 브루스 알렉산더 교수가 했던 '쥐 공원 실험'에 대해 이야기했다. 마약과 관련한 쥐 실험은 이전에도 있었다. 보통 쥐에게 마약을 강제로 주입한 후에 행동을 살펴보는 실험이었는데, 이렇게 강제로 마약을 주입한 쥐들은 이후에 마약만 찾더라는 것, 그만큼 마약의 중독성이 강하다는 것을 드러내는 실험이다. 그러나 알렉산더 교수가 주장하는 것은 그게 꼭 마약이 가진 중독 성분 때문만은 아니라는 것이다.

그가 실험하기를, 넓은 공간에다 쥐들이 아주 좋아하는 '쥐 공원'을 만들어주었다. 그곳에 쥐들이 좋아하는 치즈와 밝은색의 공들을 넣어주고, 암컷 수컷이 마음껏 번식할 수 있도록 조치를 취했다. 그야말로 쥐들이 행복해할 공간을 만들어준 것이다. 그리고 그곳에 마약 물이 담긴 물병과 그냥 물이 담긴 물병을 넣어주었다. 그랬더니 그 행복한 공간 안에 있던 쥐들 모두가 마약이 든 물을 거부하더라는 것이다.

혼자 고립되어 있었을 때는 거의 100퍼센트 마약에 중독되었는데, 행복하고 교류하는 삶을 사는 쥐 공원의 쥐들은 마약을 거부하고 순수한 물만 찾았다는 것이 무얼 말해주는 것인지 짐작 가지 않는가?

그리고 알렉산더 교수는 한 가지 실험을 추가로 진행했는데, 이미 마약에 중독된 쥐들을 쥐 공원에 넣고 똑같이 물과 마약 물이 담긴 물병을 제공해주었다. 그랬더니 마약에 중독된 쥐들이 처음에는 마약이 섞인 물을 마시다가 시간이 가면 갈수록 점점 더 순수한 물을 찾더라는 것이다.

이런 일련의 실험을 통해 알렉산더 교수가 입증하고자 했던 것이 있다. 마약은 강력한 중독성을 갖고 있지만, 사람들이 마약에 중독되는 것은 마약 자체의 성분뿐만 아니라 주변 환경의 부정적인 영향 때문일 수도 있다는 것이다.

나는 알렉산더 교수의 '쥐 공원 실험'이 굉장히 인상적이었다. 그가 조성한 쥐 공원은 우리 인간들로 말하면 에덴동산 같은 곳이 아닐까? 하나님은 인간을 창조하시고 에덴동산으로 이끄셨다. '에덴'이란 단어 자체가 '기쁨, 즐거움'이란 뜻이다. 하나님은 우리를 창조하시고 기쁨의 동산으로 인도하신 것이다.

그런데 우리가 범죄함으로 하나님과의 관계가 깨져버려 그 기쁨의 동산에서 쫓겨났다.

사람들이 이처럼 쾌락 추구로 목말라 하는 것은 '에덴'을 잃어버렸기 때문이지 않을까? 만약에 지금도 우리가 하나님께서 마련해주신 기쁨의 동산인 '에덴'에 거주하고 있다면 지금 우리 시대에서 볼 수 있는 각종 중독 현상이나 기쁨 강박 시대니, 기쁨 스트레스니 하는 현상은 없지 않았을까?

이런 생각을 하다 보니 시편 51편 말씀이 떠올랐다. 시편 51편은 다윗이 밧세바와 성적으로 죄를 지음으로 한 가정을 완전히 파괴하고 난 이후에, 그게 얼마나 무서운 죄인지를 자각하고 고통하며 쓴 시이다. 다윗이 무엇 때문에 그렇게 고통하며 회개했는가?

> 나를 주 앞에서 쫓아내지 마시며 주의 성령을 내게서 거두지 마소서
> 주의 구원의 즐거움을 내게 회복시켜주시고 자원하는 심령을 주사
> 나를 붙드소서 시 51:11,12

다윗이 지금 무엇을 회복시켜달라고 구하고 있는가? '구원의 즐거움'을 회복시켜달라고 한다. 그가 범죄하고 나서 구원의 즐거움을 잃어버리니 죽을 것 같다는 것이다.

생각해보라. 다윗은 왕이다. 그가 밧세바를 범하고 한 가정을 몰락시켰지만, 이것을 문제 삼는 사람은 없었다. 다윗이 절대 권력을 가진 왕이었기 때문이다. 그래서 1년이 지날 때까지 다윗에게 아무런 일도 일어나지 않았다. 그런데 형벌은 밖이 아닌 안에서 오는 것이다. 다윗의 근원을 흔들며 괴롭히는 사람은 아무도 없었지만 자기 안에 즐거움이 사라져버렸다. 그래서 다윗은 시편 51편에서 '구원의 즐거움을 회복시켜달라'고 애타게 구하는 것이다. 이런 차원으로 보면 선지자 나단은 다윗 내면에 말라버린 본질을 향한 목마름

을 회복시키는 데 도움을 준 선지자라 할 수 있다.

형벌은 감옥에 가야만 받는 것이 아니다. 겉으로 보기에 아무리 성공한 것 같아도 내면에 구원의 즐거움이 없으면 불행한 사람이다. 큰 교회 목사면 뭐 하고, 사업이 잘돼서 좋은 차 몰고, 좋은 집에서 살면 뭐하겠는가? 그 내면에 구원의 즐거움이 사라져버렸다면 그런 외적인 성취는 절대 행복의 재료가 될 수 없다.

이처럼 시편 51편에서 다윗은 구원의 즐거움을 회복시켜달라고 간구하는데, 바로 앞에 무슨 전제가 있는가?

"나를 주 앞에서 쫓아내지 마시며."

다윗은 지금 왕인데, 겉으로 보기엔 아직도 절대적인 권력과 부를 가진 사람인데, 다윗의 내면에 있던 즐거움은 왜 사라져버렸을까? 아담에 빗대어 말하자면 범죄하고 에덴동산에서 쫓겨나버린 상태이기 때문이다.

우리가 범죄하고 주님 앞에 회개하지 않으면 하나님과의 관계가 깨져버린다. 하나님과 관계가 깨진 사람은 대궐에 살면서도 불안과 두려움 가운데 살아갈 수밖에 없다는 걸 자각해야 한다. 회개가 왜 중요한지를 말해주는 고백이다.

퍼내고 나면 다시 샘솟는 기쁨

나는 시편 51편에서 다윗이 마음의 즐거움을 잃어버리고 우울한 상태에 빠져 회개하는 모습을 보면서 소설가 박완서 씨가 쓴《아주 오래된 농담》이라는 책에 나오는 한 대목이 떠올랐다.

"우리 사이에 쾌락은 있었지만 기쁨은 없었다. 쾌락은 자꾸 탐하면 물리게 되어 있다. 우린 다 같이 지쳐가고 있었다. 우리에게 결핍된 건 기쁨이었다. 피고 지는 꽃처럼, 퍼내고 나면 다시 솟는 샘물처럼, 새로 태어나는 기쁨이 우리 사이엔 없었다."

이 글은 신앙적인 관점에서 쓴 것은 아니다. 하지만 나는 이 문장이 영적으로 읽혔다. 우리가 칭의, 구원, 십자가 같은 것들을 말할 때 항상 본 어게인(born again), 거듭남, 중생(重生), 즉 '새로 태어남'을 함께 거론한다. 저자가 이런 의미로 쓰지는 않았겠지만, 나는 "새로 태어나는 기쁨이 우리 사이엔 없었다"라는 문장이 본 어게인, 다시 말해 예수 그리스도의 십자가로 얻게 된 새 생명으로 읽혔다. 그렇게 읽자니, 우리가 중생 받지 못할 때 나타나는 일이 이 글에 다 들어 있었다.

그런가 하면 우리가 예수 그리스도의 십자가를 통해 변화 받은 존재가 되었다는 사실을 인식할 때 우리 내면에는 "퍼내고 나면 다시 솟는 샘물처럼 새로 태어나는 기쁨"이 회복되는 것이다. 예수 그리스도의 십자가로 인해 거듭난 우리에게는 바로 이런 근원적인 기쁨이 있다.

아무리 예수 잘 믿어도 악한 세상 속에 살다 보면 인간관계에서 상처받는 일이 생긴다. 뿐만 아니라 물질적으로 어려움에 빠져 고통당할 때가 있고, 병을 만나서 두려움에 빠질 때가 있다. 마음이 매우 낙심된 상태로 잠자리에 들 때도 있다. 그러나 진짜 구원의 감격을 경험한 사람들은 이 문장 그대로 '피고 지는 꽃처럼, 퍼내고 나면 다시 솟는 샘물처럼' 기쁨이 회복된다. 사탄이 내 기쁨을 다 퍼가 버려서 마음이 낙심된 채 잠자리에 들었다고 하더라도 자고 나면 금방 채워져 언제 그랬냐는 듯 기쁨으로 하루를 시작할 수 있다.

내가 가끔 설교할 때 '제가 이러저러한 일로 힘든 시간을 보냈습니다'라는 언급을 하면, 그 설교를 들은 분들이 나를 격려해주고 위로해주신다. 장로님들이 힘내라며 메일을 보내주기도 하고, 또 어떤 때는 미국에서 형제들이 "너 힘들다며?" 하고 위로해주기도 한다. 그럴 때마다 나는 의아할 때가 많다. "난 힘든 일이 없는데, 왜 그래요?" 하고 물으면 내가 설교에서 그렇게 얘기했단다. 그러면 나는 종종 이렇게 답한다.

"제가 설교 때 언급한 문제를 가지고 아직도 힘들어하겠습니까? 마음에 남아 있지 않습니다."

이것은 시차의 문제다. 설령 설교할 당시 내가 어떤 일로 괴로움을 겪고 있었다 하더라도, 한 주가 넘어가도록 그 문제와 씨름하는 일은 거의 없다. 나는 새로운 생명을 부여받은 인생이기 때문에 퍼내고 나면 다시 솟는 샘물처럼 내 안에 날마다 새로운 기쁨을 주시는 주님과 교제하고 있기 때문이다.

나는 악한 세상에서 나만 슬픔과 괴로움을 피해 다니는, 그야말로 고통의 무풍지대를 원하지 않는다. 소나기가 막 쏟아지고 모든 사람들이 비를 맞고 있는 상황인데 나만 비 한 방울 안 맞겠다고 하는 건 억지 아닌가? 예수 믿는다고 세상의 폭우를 피해갈 수는 없다. 때로는 죄악의 폭우가 쏟아지는 세상 속에서 상처받기도 하고, 때로는 낙심하고, 때로는 마음이 무너지기도 한다. 때로는 사탄의 공격으로 내 기쁨의 샘이 고갈되어 메마른 심령이 될 때도 많다. 하지만 내가 감사하는 것은 그런 고갈의 상태가 오래가지는 않는다는 사실이다. 하나님께서 매 순간 새로운 기쁨으로 다가오시기 때문이다. 이 글을 읽는 모든 독자에게도 이런 기쁨이 충만하기 바란다. 회복시켜주시는 충만한 기쁨으로 인해 금방 금방 회복되는 놀라운 일들을 경험하기 바란다. 그래서 어떤 상황에서건 오래 고갈되어 메마르는 일 없는 주님이 주시는 기쁨으로 날마다 충만한 삶을 살기를 소원한다.

아무것도 없어도 기쁠 수 있는 이유

나는 "우리 사이에 쾌락은 있었지만 기쁨은 없었다"라는 표현이 인상적이어서 깊이 생각하다가 떠오른 말씀이 하나 있었다.

비록 무화과나무가 무성하지 못하며 포도나무에 열매가 없으며 감람나무에 소출이 없으며 밭에 먹을 것이 없으며 우리에 양이 없으며 외양간에 소가 없을지라도 나는 여호와로 말미암아 즐거워하며 나의 구원의 하나님으로 말미암아 기뻐하리로다 합 3:17,18

자신이 갖고 있지 않은, 결핍된 것들을 이처럼 일일이 열거하는 이유는, 이처럼 결핍된 것들이 많은 상황이지만 그럼에도 불구하고 나는 '여호와 하나님만으로 만족한다'는 것을 강조하는 표현 아니겠는가? 박완서 씨의 표현대로 쾌락은 있었지만 기쁨은 없는 세상 현실과 결정적인 차이가 있다면, 결핍투성이 환경일지라도 진정한 기쁨은 메마르지 않는다는 것이다.

목회자인 나도 세상적으로 말하는 쾌락이나 즐거움은 별로 없다. 그야말로 집과 교회와 심방하는 성도들 가정 외에는 갈 곳이 없는 단조로운 생활을 한다. 평생을 그렇게 살아왔다. 그러다 보니 짜릿하고 드라마틱한 쾌락은 누린 적 없지만, 그러나 나는 행복하다. 나에게 쾌락은 없지만 기쁨이 있기 때문이다. 나는 여호와로 인한 즐거움을 누리고 있기 때문에, 그리고 그 배후에 나를 사랑하시는 주님이 계시기에 나는 어떤 상황에서도 하나님께 감사한 삶을 살고 있다.

우리는 종종 천국과 관련하여 잘못된 초점을 둘 때가 있다. 나는 기독교 동화책 같은 데서 천국을 묘사하면서 천국을 황금 보석으로 장식한 호화로운 궁궐로 묘사하는 것을 볼 때마다 조금 우려가 된다. 어린아이들에게 '천국은 화려하고 결핍이 없는 곳이어서, 혹은 고통 없는 곳이기에 행복한 곳이다'라고 가르친다면 그것은 잘못된 가르침이다. 천국은 결핍이 없는 풍요로운 곳이어서 사모해야 하는 것이 아니라 그곳에 주님이 계시기에 사모하는 곳이다. 천국은 온전히 여호와로 말미암아 기뻐하는 곳이기에 행복한 곳이다. 그리고 오늘도 예수 그리스도를 모시고 사는 그곳이 천국이다. 우리 이 사실을 꼭 기억하자.

복음으로 인한 기쁨, 그리고 그 열매

로마서 5장 11절을 이런 관점으로 보아야 한다.

그뿐 아니라 이제 우리로 화목하게 하신 우리 주 예수 그리스도로 말미암아 하나님 안에서 또한 즐거워하느니라 롬 5:11

로마서 5장 1절부터 11절까지를 보면 '즐거워하느니라'라는 표현이 세 번이나 반복되어 나온다. 이신칭의의 결과들에 대한 말씀이 "즐거워하느니라"로 마무리된다는 것이 뭘 의미하는가?

기쁘지 않으면 복음이 아니다. 하박국 선지자처럼 이것도 없고, 저것도 없는 결핍의 상황이지만 그럼에도 내 안에 기쁨이 넘쳐나야 한다.

사실 여기 나오는 '즐거워하느니라'를 원어에 가깝게 번역하면

'자랑하다'로 하는 게 더 정확하다. 하지만 왜 '즐거워하다'로 번역했는지, 충분히 이해할 수 있다. 내 안에 즐거움이 넘치면 자랑하고 싶어서 견딜 수 없는 게 인지상정 아닌가? 공부 못하던 아들이 영어 100점 받아오면 그 즐거움은 주변 사람에게 자랑하는 것으로 나타나게 되어 있다.

전도의 문이 막혔다, 전도가 잘 안 된다는 말들을 많이 듣는데, 이런 가슴 아픈 결과가 주님이 주시는 즐거움이 많이 사라진 현실 교회의 모습을 반영한다고 생각한다. 즐거움이 넘치면 자랑하게 되어 있다. 하나님을 자랑하는 것이 전도이고, 하나님께서 주신 즐거움을 자랑하는 것이 전도이다. 복음 전하는 데 열심을 내는 성도들이 많이 모이는 교회가 되고 싶은가? 그 교회 구성원인 성도들 내면에 즐거움이 회복되기를 기도해야 한다.

그리고 또 한 가지 기억해야 할 것이 있다. 11절 말씀이 살아나면 별책 부록처럼 반드시 따라오는 것이 있다. 에베소서 2장 13절과 14절을 보자.

이제는 전에 멀리 있던 너희가 그리스도 예수 안에서 그리스도의 피로 가까워졌느니라 그는 우리의 화평이신지라 둘로 하나를 만드사 원수 된 것 곧 중간에 막힌 담을 자기 육체로 허시고 엡 2:13,14

이 부분을 표준새번역 성경으로 보면 더 이해하기 쉽다.

그리스도는 우리의 평화이십니다. 그리스도께서는 유대 사람과 이방 사람이 양쪽으로 갈려 있는 것을 하나로 만드신 분이십니다. 그는 유대 사람과 이방 사람 사이를 가르는 담을 자기 몸으로 허무셔서, 원수 된 것을 없애시고 엡 12:14, 표준새번역

하나님과의 관계가 회복되고 하나님으로 인해 즐거워하는 사람에게는 별책 부록처럼 따라오는 것이 있는데, '사람과의 관계, 나와 너와의 관계'에도 변화가 나타나게 된다는 사실이다. 하나님으로 인한 기쁨이 회복될 때 '나와 너' 사이에 막힌 담이 허물어진다. 그러니 행복해지지 않을 수 없다. 먼저, 하나님으로 인한 즐거움과 기쁨이 회복되기를 바란다. 그래서 나와 기질이 다른 사람, 나와 생각이 다른 사람, 나와 신학이 다른 사람 사이의 담을 허무는 놀라운 은혜를 맛보게 되기 바란다.

그의 피로 말미암아 – 보혈로 맞바꾸어진 구원의 기쁨

이렇게 11절의 기쁨을 누리는 것이 중요한데, 11절에 나오는 이 즐거움을 누리는 사람들이 기억해야 할 본문의 두 가지 표현을 함께 살펴보려고 한다.

첫 번째 표현은 '그의 피로 말미암아'이다. 이 표현은 본문에서 계속 반복되고 있는데, 꼭 기억해야 할 표현이다.

그러면 이제 우리가 그의 피로 '말미암아' 의롭다 하심을 받았으니 더욱 그로 '말미암아' 진노하심에서 구원을 받을 것이니 곧 우리가 원수되었을 때에 그의 아들의 죽으심으로 '말미암아' 하나님과 화목하게 되었은즉 화목하게 된 자로서는 더욱 그의 살아나심으로 '말미암아' 구원을 받을 것이니라 그뿐 아니라 이제 우리로 화목하게 하신 우리 주 예수 그리스도로 '말미암아' 하나님 안에서 또한 즐거워하느니라

롬 5:9-11

이렇게 반복되는 '말미암아'가 뭘 의미하나? 칭의가 그저 이루어진 것이 아니라는 것이다. 예수 그리스도의 엄청난 희생을 통해 이루어진 것이 칭의임을 기억하라는 것이다.

이것과 관련하여 내 마음에 계속 맴도는 성경 한 구절이 있다.

군인들이 예수를 십자가에 못 박고 그의 옷을 취하여 네 깃에 나눠 각각 한 깃씩 얻고 속옷도 취하니 이 속옷은 호지 아니하고 위에서부터 통으로 짠 것이라 요 19:23

여기 보면 군인들이 예수님의 겉옷뿐 아니라 속옷도 취하였다고 기록하고 있다. 이게 뭘 의미하는가? 예수님께서 십자가에 못 박히실 때 벌거벗겨진 상태로 매달려 있었다는 것이다. 예수님께서 이렇게까지 수치를 다 드러내야 하셨다.

요한복음은 예수님의 제자였던 요한이 썼는데, 요한은 왜 스승이신 예수님이 겪으신 십자가에서 벌거벗겨지는 수치의 상태를 그대로 적나라하게 묘사하고 있는가? 예수님이 겪으셨던 수치스런 상태를 좀 가려주면 안 되었을까?

　만약에 내가 나의 스승이신 옥한흠 목사님의 일대기를 쓴다고 할 때, 옥한흠 목사님이 목회하는 중에 원수들에게 엄청난 조롱을 받고 속옷까지 벗겨지는 일을 당하셨다면 이런 일까지 빠뜨리지 않고 적나라하게 쓰기보다는 가릴 것은 가리면서 쓸 것 같은데, 그런데 요한은 그러지 않았다. 왜 예수님의 제자 요한은 예수님께서 십자가에서 당하신 수치스런 상태를 이렇게까지 적나라하게 묘사해야 했을까? 정답은 이렇다. 예수님께서 겪으셨던 수치를 다 드러내야 복음이 되기 때문이다. 이것이 무슨 뜻인가 하면, 보통 칭의를 설명할 때 '위대한 교환'이라는 표현을 쓸 때가 있는데, 이는 루터가 쓴 표현이다. 왜 위대한 교환인가?

　칭의는 두 가지 요소로 구분되는데, 하나는 더러워진 죄의 옷을 벗겨내는 것이다. 그리고 또 하나는, 예수 그리스도의 의의 옷을 새로 덧입는 것이다. 이 두 가지를 행해주신 것이 '칭의'이다.

　그러니까 우리의 더러운 옷을 벗겨주시고 대신에 예수 그리스도의 의의 옷을 덧입기에 '위대한 교환'이 되는 것이다.

　예수 그리스도께서는 죄인 된 우리의 옷을 벗겨내시고 우리에게 그분의 의로운 옷을 입혀주셨다. 그리고 이 일이 가능하도록 예수님께서는 그 더러운 죄인의 옷을 입으시고 죄인의 자리인 십자가의 자리에 서신 것이다. 그래서 이것을 '위대한 교환'이라고 한다.

그러니 주님이 지신 십자가의 의미가 무엇인가? 주께서 십자가에서 못 박히시고 창에 찔리심으로 육체의 고통을 당하신 것뿐 아니라, 침 뱉음을 당하시고 속옷까지 벗겨짐을 당하는 수치를 당하셔야 했던 것은, 우리가 당해야 할 수치를 '위대한 교환'으로 대신 감당하셔야 했기 때문이다.

그러므로 이 사실을 기억해야 한다. 지금 우리가 누리고 있는 '예수 그리스도로 말미암아 하나님 안에서 또한 즐거워하느니라'의 이 기쁨과 즐거움을 회복시켜주시기 위해 주님은 그 절망적인 십자가에서의 수치와 조롱의 자리에 빠지신 것이다.

그러므로 더욱더 – 더욱더 풍성해지는 구원의 기쁨

두 번째로, 칭의의 기쁨을 누리는 사람들이 기억해야 할 표현이 있는데, '더욱'이란 표현이다.

그러면 이제 우리가 그의 피로 말미암아 의롭다 하심을 받았으니 '더욱' 그로 말미암아 진노하심에서 구원을 받을 것이니 롬 5:9

우리말 성경에는 '더욱'이 중간에 나오지만, 원어로 보면 맨 앞에 나오는데, '그러므로 더욱더'라는 의미다. '그러므로'는 앞의 8절과 연결되는 접속사이다. 즉, "우리가 아직 죄인 되었을 때에 그리스도께서 우리를 위하여 죽으심으로 하나님께서 우리에 대한 자기의 사랑을 확증하셨느니라 (그러므로 더욱더⋯)"로 이렇게 연결되는 것이다.

10절도 마찬가지다.

곧 우리가 원수 되었을 때에 그의 아들의 죽으심으로 말미암아 하나님과 화목하게 되었은즉 화목하게 된 자로서는 '더욱' 그의 살아나심으로 말미암아 구원을 받을 것이니라 롬 5:10

여기 나오는 '더욱'은 무슨 뜻일까?

우리가 아직 죄인 되었을 때, 우리가 하나님과 원수 되었을 때에도 이런 놀라운 십자가 은혜를 주셨는데, 하물며 이제 우리가 하나님의 자녀가 되어 하나님과 화목하게 되었으니 '그러므로 더욱더' 풍성한 은혜를 주실 것이라는 것. 이것이 '더욱'이라는 표현 속에 담겨 있는 의미이다.

자기 아들을 아끼지 아니하시고 우리 모든 사람을 위하여 내주신 이가 어찌 그 아들과 함께 모든 것을 우리에게 주시지 아니하겠느냐 롬 8:32

이 말씀을 묵상하던 그 주간 내내 내 머릿속에서 맴돌던 찬양이 있었다. "큰 죄에 빠진 나를 주 예수 건지사 그 넓은 품에 다시 품으신 은혜는 저 바다보다 깊고 저 하늘보다 높다. 그 사랑 영원토록 나 찬송하리라"라는 찬양이다. "날로 더욱 귀하다. 한이 없이 넓은 우리 주의 사랑 날로 더욱 귀하다"라는 그 찬양의 후렴이 내 마음에 오래오래 맴돌았다.

우리 교회에서 발행하는 월간지에서 주일 예배 전에 의자를 정리하는 일을 감당해오신 강춘봉 할아버지의 인터뷰를 본 적이 있다. 이분은 연세가 90세가 넘으실 때까지 주일마다 새벽 6시 이전에 교회로 오셔서 교회 의자를 정리하는 일을 하셨다. 11년의 세월을 한결같이 그 일을 감당하셨다. 자녀들이 이제는 연세가 너무 드셔서 그런 일을 하시면 위험하다고 아무리 말려도, 그 일을 계속 하셨다. 누구도 말릴 수 없었다.

이 어른의 인터뷰가 실린 머리기사가 이렇게 되어 있었다.

"구십 평생의 내 소감이요? '감사'뿐입니다. 내 평생의 감사는 '예수 그리스도'입니다."

지금은 하나님 품에 안겨 천국의 즐거움을 누리고 계시는 강춘봉 집사님. 나는 지금도 간혹 그 분이 떠오르곤 한다. 이제 그 분은 하나님 품으로 가셨지만 이 어른이 우리 교회에 미친 영향력은 지금도 계속된다고 믿는다. 그래서 나는 기도한다. 제2, 제3의 강춘봉 집사님이 나타나기를. 이처럼 하나님께서 주신 은혜에 감사하며 기쁨으로 교회를 섬기는 그 모습에서 나는 진정한 기쁨의 사람의 모습을 발견했기 때문이다.

나는 오늘도 기도한다. 이 땅의 모든 크리스천들이 주님이 주시는 기쁨으로 행복한 사람을 살 수 있기를. 강춘봉 집사님처럼 호흡이 다 하는 순간까지 그 기쁨이 계속되기를 기도한다. 정말 그렇게 되기를 원한다. 하나님이 주시는 풍성한 은혜로 인해 날마다 더욱 더 누리는 우리의 평생이 되기를 소원한다. 그래서 우리도 나이가 들어갈수록 강춘봉 집사님처럼 "내 평생의 소감은 감사뿐입니다. 내 평생의 감사는 예수 그리스도뿐입니다"라고 고백할 수 있게 되기를 간절히 바란다.

ROMANS

12 그러므로 한 사람으로 말미암아 죄가 세상에 들어오고 죄로 말미암아 사망이 들어왔나니 이와 같이 모든 사람이 죄를 지었으므로 사망이 모든 사람에게 이르렀느니라 13 죄가 율법 있기 전에도 세상에 있었으나 율법이 없었을 때에는 죄를 죄로 여기지 아니하였느니라 14 그러나 아담으로부터 모세까지 아담의 범죄와 같은 죄를 짓지 아니한 자들까지도 사망이 왕노릇 하였나니 아담은 오실 자의 모형이라 15 그러나 이 은사는 그 범죄와 같지 아니하니 곧 한 사람의 범죄를 인하여 많은 사람이 죽었은즉 더욱 하나님의 은혜와 또한 한사람 예수 그리스도의 은혜로 말미암은 선물은 많은 사람에게 넘쳤느니라 16 또 이 선물을 범죄한 한 사람으로 말미암은 것과 같지 아니하니 심판은 한 사람으로 말미암아 정죄에 이르렀으나 은사는 많은 범죄로 말미암아 의롭다 하심에 이름이니라 17 한 사람의 범죄로 말미암아 사망이 그 한사람을 통하여 왕노릇 하였은즉 더욱 은혜와 의의 선물을 넘치게 받는 자들은 한분 예수 그리스도를 통하여 생명 안에서 왕노릇하리로다 18 그런즉 한 범죄로 많은 사람이 정죄에 이른 것 같이 한 의로운 행위로 말미암아 많은 사람이 의롭다 하심을 받아 생명에 이르렀느니라 19 한 사람이 순종하지 아니하므로 많은 사람이 죄인된 것 같이 한 사람이 순종하심으로 많은 사람이 의인이 되리라 20 율법이 들어온 것은 범죄를 더하게 하려 함이라 그러나 죄가 더한 곳에 은혜가 더욱 넘쳤나니 21 이는 죄가 사망 안에서 왕노릇 한 것 같이 은혜도 또한 의로 말미암아 왕노릇하여 우리 주 예수 그리스도로 말미암아 영생에 이르게 하려 함이라

로마서 5:12-21

chapter 7

죄와 죽음보다 강한 은혜

두 구도의 대결

인류 역사는 두 역사의 대립이다. 하나는 죄와 죽음의 역사이고 다른 하나는 의와 생명의 역사이다. 죄와 죽음의 역사는, 인류를 대표하는 아담 한 사람에 의해 시작되었다. 의와 생명의 역사는 또 다른 대표이신 예수 그리스도에 의해서 시작되었다. 바로 이 두 개의 대립으로 역사를 보는 것이 기독교 역사관이고, 이 두 구도의 대립 관점으로 세상을 바라보는 것이 기독교 세계관이다.

본문에서 바울이 바로 이 두 구도로 말씀을 전개해나가는 걸 볼 수 있다.

그러나 이 은사는 그 범죄와 같지 아니하니 곧 한 사람의 범죄를 인하여 많은 사람이 죽었은즉 더욱 하나님의 은혜와 또한 한 사람 예

수 그리스도의 은혜로 말미암은 선물은 많은 사람에게 넘쳤느니라
롬 5:15

여기 나오는 '한 사람의 범죄로 인하여'와 '한 사람 예수 그리스도의 은혜로 말미암아'라는 두 구도가 보이지 않는가?
17절도 마찬가지다.

한 사람의 범죄로 말미암아 사망이 그 한 사람을 통하여 왕 노릇 하였은즉 더욱 은혜와 의의 선물을 넘치게 받는 자들은 한 분 예수 그리스도를 통하여 생명 안에서 왕 노릇 하리로다 롬 5:17

18절과 19절에서도 똑같은 구도를 볼 수 있다.

그런즉 한 범죄로 많은 사람이 정죄에 이른 것같이 한 의로운 행위로 말미암아 많은 사람이 의롭다 하심을 받아 생명에 이르렀느니라 한 사람이 순종하지 아니함으로 많은 사람이 죄인 된 것같이 한 사람이 순종하심으로 많은 사람이 의인이 되리라 롬 5:18,19

바울이 계속 반복해서 이 두 구도로 설명하고 있는 것을 볼 수 있는데, 한 사람 아담과 한 분 예수 그리스도의 대표성을 본문에서 강조하고 있다. 이 두 구도가 오늘 우리의 역사에도 그대로 적용된다.

내가 교회에서 이 본문 말씀으로 로마서 설교를 진행할 당시, 두 가지 사건이 인터넷을 뜨겁게 달구었다.

하나는 어느 오십 대 유명 영화감독과 젊은 여배우의 불륜 소식이었는데, 그 일로 그 영화감독의 아내와 자녀가 고통의 눈물을 흘리고 있다는 내용이었다.

그런가 하면 또 하나 인터넷을 달군 소식은, 어느 남자 배우가 부부싸움 후 극단적인 선택을 시도하여 혼수상태에 빠졌다는 것이었다. 가슴 아팠던 것은, 극단적인 선택을 한 이 배우는 과거에 마약 투약 혐의로 구속된 전력이 있었는데, 그 일로 감옥을 다녀온 후에 어느 프로그램에 나와서 '다시는 그러지 않겠다'라고 비장하게 각오를 다지는 것을 보았는데, 그렇게 다짐하고는 2년 후에 또다시 마약에 손을 대서 체포되었고, 그리고 이런 가슴 아픈 기사가 떴다는 것이다.

이처럼 당시 인터넷을 뜨겁게 달구던 이 두 기사를 보며 나는 깊은 생각에 잠겼다. 내막을 잘 알지 못하면서 함부로 판단하거나 정죄해서는 안 된다고 생각하지만, 이 기사를 보면서는 여러 생각이 들었다.

젊은 여배우와의 불륜 소식을 만든 영화감독 기사를 보면서, '이분도 결혼식장에서 옆에 서 있는 아내만을 죽을 때까지 사랑하겠다는 진심 어린 고백을 하지 않았을까?'란 의문이 꼬리를 물었다. 결혼식장에서 진실되게 고백했지만 그 약속을 지키지 못해 아내와 자녀 눈에 눈물 흘리게 했을 뿐 아니라 본인도 혼란스러운 상황에 놓이게 된 것이다.

그 남자 배우도 마찬가지다. 이미 한 번의 실수로 인생의 쓴맛을 보았는데, 그래서 온 국민 앞에서 다시는 그런 짓 안 하겠다고 공표했는데 왜 2년 만에 다시 마약에 손을 댔는가? 이것이 무엇을 의미하는가? 나는 이것을 앞에서 언급했던 '두 구도'로 설명할 수 있다고 생각한다. 그리고 이것은 영향력의 문제이다. 우리 인간은 무언가의 영향을 받으며 살아간다. 이것이 본문에서 말하는 두 구도를 정확하게 이해해야 하는 이유이다. 그래서 이 부분을 좀 더 자세히 살펴보려고 한다.

첫 번째 구도 – 죄와 죽음의 역사

첫 번째로, 우리가 기억해야 할 두 구도 중에 첫 번째 구도는 '아담으로 대표되는 죄와 죽음의 역사'이다.

그러므로 한 사람으로 말미암아 죄가 세상에 들어오고 죄로 말미암아 사망이 들어왔나니 롬 5:12

여기 나오는 "한 사람으로 말미암아 죄가 세상에 들어오고"라는 말씀은 창세기 3장을 배경으로 하고 있다.

동산 중앙에 있는 나무의 열매는 하나님의 말씀에 너희는 먹지도 말고 만지지도 말라 너희가 죽을까 하노라 하셨느니라 창 3:3

하나님께서는 동산의 모든 것을 다 먹고 누릴 권한을 주셨지만 동산 중앙에 두신 선악과는 먹지도 만지지도 말라고 명하셨다. 왜 그런 조치를 취하셨을까? 만약 하나님이 아끼시는 것이라서 인간이 손대면 안 되는 거라면 유혹을 느끼지 않도록 구석진 데다 두시지, 왜 동산 중앙에 두셨을까? 하나님께서 동산 중앙에 두신 선악과는 어떤 의미를 지니고 있는가? 선악과는 무엇을 위한 장치인가?

하나님께서 선악과를 동산 중앙에 배치해 두신 이유가 있었다. 아담과 하와는 하나님께서 금하신 선악과를 바라보면서 자기 존재, 즉 자기 신분을 자각해야 했다. 그러니까 아담과 하와는 하나님께서 동산 중앙에 두신 선악과를 볼 때마다 다음과 같은 사실을 자각해야 했다.

'하나님이 내게 이 동산의 모든 것을 다 누리고 사용할 수 있는 권한을 주셨지만, 그러나 그럼에도 이 모든 것은 내 것이 아니라 하나님의 것이다. 내가 누리는 이 모든 것은 하나님으로부터 위임 받은 것이다. 창조주는 하나님이시고 나는 그의 피조물에 불과하다.'

이것을 위한 도구가 선악과였다. 그래서 선악과는 동산 중앙에 위치해야만 했다. 그런데 아담과 하와가 그것을 파괴해버렸다. 선악과를 따먹은 행위는 하나님의 자리를 넘보는 반역 행위였다. 이것이 12절에 나오는, "한 사람으로 말미암아 죄가 세상에 들어오고"의 의미이다.

여기까지는 설명이 어렵지 않다. 그런데 그다음 구절이 문제다.

> 그러므로 '한 사람'으로 말미암아 죄가 세상에 들어오고 죄로 말미암아 사망이 들어왔나니 이와 같이 '모든 사람'이 죄를 지었으므로 사망이 모든 사람에게 이르렀느니라 롬 5:12

분명히 앞에는 '한 사람' 단수가 언급되는데, 이것이 '모든 사람'이라는 복수로 이어진다. 여기에 문제가 있다. '한 사람'으로 말미암아 시작된 죄가 왜 '모든 사람'이 죄를 지은 것으로 연결될까?

여기에 기독교의 신비가 있다. 이것을 교리적으로 '원죄'라고 하는데, 이것을 설명하기 위해서는 아우구스티누스와 펠라기우스 논쟁이 중요하다.

펠라기우스(Pelagius)는 인류에게 원죄는 없다고 주장한 사람이다. 아담이 에덴동산에서 저지른 범죄는 아담 자신에게만 해를 끼쳤을 뿐, 그 후손들에게는 영향을 미치지 않는다는 것이 펠라기우스의 주장이다. 그래서 아담의 죄의 결과는 아담 자신에게서 끝났고 후손은 아담의 타락 이전 상태라는 것이다.

여기에 반대되는 것이 아우구스티누스(Augustinus)의 주장이다. 인간의 본성은 아담의 타락에 영향을 받아서 태어날 때부터 완전히 부패한 상태라는 것이다. 인간은 아담의 죄의 본성을 물려받아서 태어나기 때문에 죄를 지을 수밖에 없는 존재라는 것이다. 이것을 신학적으로 '죄의 전가' 혹은 '원죄의 유전'이란 용어로 표현한다.

태어날 때부터 내재되어 있는 죄의 유전자

신학교에서 이 두 사람의 논쟁에 대해 배울 때도 아우구스티누스의 주장이 옳다는 강의를 별 저항 없이 받아들였는데, 나와 아내가 세 자녀를 낳아 길러보니 아우구스티누스의 주장이 정말 옳다는 사실을 확실히 알 수 있었다.

큰아이를 낳았다. 천사 같은 아기를 지켜보는 것 자체가 행복이었다. 그런데 아이가 말을 배우기 시작하면서 양상이 복잡해지기 시작했다. 우리 큰아이가 말을 시작한 역사는 그 아이가 거짓말을 시작한 역사이기도 했다. 진짜 놀라웠다. 분명히 엄마 화장대에서 화장품 하나를 쓱 가져가는 것을 봤는데 "너 엄마 화장품 가져갔지?"라고 물으니 애교스러운 표정으로 천연덕스럽게 거짓말을 하는 게 아닌가. 그렇게 귀여운 아이가 거짓말하다니, 정말 놀라웠다. 이 아이에게 거짓말을 가르친 적이 없는데 본능적으로 거짓말을 하기 시작했다.

질투도 마찬가지다. 큰아이가 태어나고 3년이 지나 둘째가 태어났는데, 동생을 향한 큰아이의 질투심이 생각보다 강렬했다. 큰아이는 세상 모든 사람들이 둘째 아이의 존재를 알지 못하길 원했다. 한번은 둘째 아이가 태어난지 얼마 지나지 않아서 가족들을 데리고 식당으로 갔다. 조금 있으니 주문을 받기 위해 식당 아주머니가 우리 테이블로 왔는데, 갑자기 큰아이가 정색하면서 "아줌마, 우리 아기 봤죠?"라고 물었다. 눈치가 빠른 아주머니가 "아니, 안 봤는데?"라고 하는데도 계속 "봤잖아요?" 하며 따져 묻는 게 아닌가. 그리고는 저리 가라고 소리쳤다. 당시 큰아이의 초미의 관심사는 사람들이 둘째를 보고 예쁘다고 하는지에 있었다.

그뿐인가? 엄마 아빠가 안 보면 어린 동생을 꼬집고 때렸다. 한번은 보자기로 아기 얼굴을 덮어씌우는 걸 본 적도 있다. 그렇게 동생에 대한 질투심으로 못 견뎌 해서 한참 힘든 시기를 보내야 했다. 물론, 지금은 첫째와 둘째가 세상에서 가장 친한 친구처럼 가깝게 지내지만, 둘째가 태어난 직후의 상황은 질투심으로 매우 심각한 상황이었다. 그 누구도 큰아이에게 질투심을 가르쳐준 적이 없는데 말이다.

펠라기우스의 주장이 맞다면, 인간에겐 자유의지가 있어서 어떤 아이는 태어나자마자 거짓말은 안 하고 선한 말만 하고, 또 어떤 아이는 거짓말하면서 말을 배우는 역사가 시작되어야 한다. 그런데 왜 모든 인간은 예외 없이 가르쳐주지도 않은 거짓말로 언어를 시작하는가? 왜 질투라는 개념이 뭔지도 모르는 어린아이의 마음에 질투심이 이렇게 무섭게 작동하는가? 누가 이 어린아이에게 질투심을 가르쳐주었나? 이게 아우구스티누스가 말하는 죄의 전가이다. 죄는 가르치고 배워서 습득되는 것이 아니라 태어날 때부터 내재해 있는 것이다.

다윗이 범죄하고 난 후 시편에서 처절하게 고백한 게 무엇인가?

"어머니가 죄 중에서 나를 잉태하였나이다"(시 51:5).

다윗이 성적인 죄를 짓고 나서부터 죄인이 된 것이 아니라 그 이전부터, 태어날 때부터 자기 안에 죄의 유전자가 들어 있었다고 고백하는 것이다. 신학적으로 이런 이야기를 들어보았을 것이다.

"죄를 지어서 죄인이 아니고, 죄인이어서 죄를 짓는 것이다."

이것이 죄의 유전이다.

선악과를 복구시키는 복음의 능력

이처럼 죄로 말미암아 날 때부터 내면의 질서가 파괴된 상태를 다시 복구시켜주는 것이 복음이다. 이것이 복음이 가진 능력이다. 예수 믿고 난 이후에 우리 내면에 질서가 세워져서 하나님을 내 삶의 주인으로 인정하며, 하나님의 주권을 인정하는 삶의 태도를 회복하는 사람들을 많이 보았다. 이 일을 가능하게 하는 것이 복음이다.

바울이 로마서 1장 16절에서 "내가 복음을 부끄러워하지 아니하노니 이 복음은 모든 믿는 자에게 구원을 주시는 하나님의 능력이 됨이라"라고 선포했다. 바울이 왜 복음을 능력이라고 했나?

16절에서의 바울의 선포는 아담으로 대표되는 인간이 무너뜨린 선악과를 복구시켜주는 차원에서의 능력이다. 우리가 그리스도 안에서 선악과가 복구되면 우리 삶에 질서가 회복된다.

내면의 질서가 회복된 인생은 혼란스럽지 않다. 내면의 질서가 회복된 가정도 마찬가지다. 내면의 질서가 회복된 부모는 자기 자녀를 자기 소유라고 여기지 않는다. 자식은 내 소유물이 아니다. 나의 자녀는 하나님께서 내게 위임해주신 생명이지 내 것이 아니다. 이 사실을 정확하게 알 때 자녀교육이 잘 이루어지는 것이다.

이처럼 하나님의 주권을 인정하고, 하나님의 하나님 되심을 인정하는 태도가 선악과가 복구된 인생의 모습이다. 이것을 설명하는 것이 그다음 두 번째로 기억해야 할 구도이다.

두 번째 구도 - 의와 생명의 역사

우리가 기억해야 할 두 번째 구도는, '예수 그리스도로 대표되는 의와 생명의 역사'이다.

이는 죄가 사망 안에서 왕 노릇 한 것같이 은혜도 또한 의로 말미암

아 왕 노릇 하여 우리 주 예수 그리스도로 말미암아 영생에 이르게 하려 함이라 롬 5:21

여기 나오는 '왕 노릇 하다'라는 표현은 헬라어로 보면 '다스리다'라는 뜻이다. 본문에서 가장 중요한 키워드 중의 하나가 바로 이 '왕 노릇 하다, 다스리다'라는 표현인데, 이 표현이 무려 다섯 번이나 반복된다.

그러나 아담으로부터 모세까지 아담의 범죄와 같은 죄를 짓지 아니한 자들까지도 사망이 '왕 노릇 하였나니' 롬 5:14

14절에서는 '사망이 왕 노릇 했다', 즉 사망이 다스렸다는 표현이 사용되고 있다. 17절을 보자.

한 사람의 범죄로 말미암아 사망이 그 한 사람을 통하여 '왕 노릇 하였은즉' 더욱 은혜와 의의 선물을 넘치게 받는 자들은 한 분 예수 그리스도를 통하여 생명 안에서 '왕 노릇 하리로다' 롬 5:17

'사망이 그 한 사람을 통하여 왕 노릇 했다', 즉 사망이 다스렸다는 뜻으로 사용되고 있다. 그리고 '더욱 은혜와 의의 선물을 넘치게 받은 자들은 한 분 예수 그리스도를 통하여 생명 안에서 왕 노릇 한다'라고 했는데, 이는 다스림의 대상이 바뀌었다는 것이다.

21절에서도 마찬가지다.

이는 죄가 사망 안에서 '왕 노릇 한 것같이' 은혜도 또한 의로 말미암
아 '왕 노릇 하여' 우리 주 예수 그리스도로 말미암아 영생에 이르게
하려 함이라 롬 5:21

이렇듯 다섯 번에 걸쳐서 반복되는 '왕 노릇 하다'를 통해서 강조
하고자 하는 포인트가 무엇인가? 나를 다스리는 주인이 바뀌었다
는 것이다. 지금까지는 죄와 사망이 다스리는 영역 안에서 살았지
만, 이제는 예수 그리스도를 통해 죄와 사망의 영역에서 빠져나오게
되었다.

가끔 뉴스에서 중국을 통해 북한을 탈출하는 북한 이탈주민들의
모습을 볼 때가 있는데, 그들은 위급할 경우 미국 대사관으로 뛰어
들어간다. 일단 미국 대사관으로 들어서기만 하면 더 이상 중국 경
찰이 그들에게 손댈 수 없다. 왜 그런가? 땅은 중국 땅이지만 미국
대사관으로 들어가면 그곳은 미국 정부가 통치하는 영역이기 때문
이다.

반란군 같은 악한 영들이 장악하고 있어서 죄와 죽음의 권세가
드리워진 세상이지만, 그리고 그 악한 세상에 발 딛고 살 수밖에 없
는 우리이지만, 그러나 예수 그리스도의 십자가로 변화 받은 사람

은 하나님의 다스림의 영역 안으로 들어간 사람들이다. 이것이 본문에서 다섯 번이나 반복하며 강조하는 '왕 노릇 하였으니'라는 표현의 의미다. 이제 우리의 주인이 바뀌었다! 이것을 설명하는 게 21절 말씀이다.

"이는 죄가 사망 안에서 왕 노릇 한 것같이 은혜도 또한 의로 말미암아 왕 노릇 하여 우리 주 예수 그리스도로 말미암아 영생에 이르게 하려 함이라."

죽음의 통치 영역에서 나와 하나님의 통치 영역으로

나는 이것을 홍해를 가른 모세의 기적을 가지고 설명하는데, 애굽의 노예로 살던 이스라엘 백성이 자력으로 홍해를 건넜는가? 아니다. 하나님의 전적인 은혜로 건넜다. 홍해를 건너는 행위로 이스라엘 백성은 끔찍한 애굽의 통치 영역에서 벗어나게 되었다. 이렇게 죄의 통치 영역을 벗어난 것이 이 땅에서의 예수 믿는 우리가 누리는 삶이다.

이렇게 우리는 이미 하나님의 다스림의 영역 안에 거하게 되었지만, 완전한 주님의 다스림은 영적으로 요단강을 건너 가나안에 들어가서야 이루어진다. 이것을 신학 용어로 '영화'라고 한다. 영화에 이르기 전의 이 땅에서의 삶은 내가 자주 쓰는 표현으로 '죄의 노예 근성' 아래 놓여 있는 상태이다. 구약의 이스라엘 백성들을 보면, 그들은 이미 홍해를 건너 애굽의 영향력에서 벗어났지만 광야 생활 내내 오랜 노예 생활로 인하여 생긴 노예근성을 버리지 못했다. 이것이 이 땅에서의 우리들의 모습인 것이다.

그렇기 때문에 우리는 이 땅을 살아가는 동안에 죄와 사망의 영향력에서 벗어나 의와 생명의 영향력 안으로 들어가기 위해 몸부림치며 은혜를 구해야 한다. 그리고 비록 지금은 예수님을 믿으면서도 죄의 자리에 빠지곤 하지만, 은혜의 영향력 아래 놓이기를 갈망하며 죄 된 것을 끊어 나가야 한다. 이 과정을 '성화'라고 한다.

죽고의 역사가 낳고의 역사로 바뀌었다

창세기 5장을 보면 "이것은 아담의 계보를 적은 책이니라"(창 5:1)라고 시작하면서, 아담의 족보가 쭉 열거되어 나온다.

아담은 셋을 낳은 후 팔백 년을 지내며 자녀들을 낳았으며 그는 구백삼십 세를 살고 죽었더라 셋은 백오 세에 에노스를 낳았고 에노스를 낳은 후 팔백칠 년을 지내며 자녀들을 낳았으며 그는 구백십이 세를 살고 죽었더라 에노스는 구십 세에 게난을 낳았고 게난을 낳은 후 팔백십오 년을 지내며 자녀들을 낳았으며 그는 구백오 세를 살고 죽었더라 창 5:4-11

창세기 5장은 '죽었더라'의 역사이다. 이에 반해, 마태복음 1장은 "아브라함과 다윗의 자손 예수 그리스도의 계보라"(마 1:1)라고 시작하면서, 예수님을 중심으로 한 족보가 나오는데, 이 계보의 특징은 무엇인가?

아브라함이 이삭을 낳고 이삭은 야곱을 낳고 야곱은 유다와 그의 형제들을 낳고 유다는 다말에게서 베레스와 세라를 낳고 베레스는 헤스론을 낳고 헤스론은 람을 낳고 마 1:2,3

이렇게 '낳고', '낳고'라는 말이 16절까지 계속된다. 예수 그리스도의 계보에도 '죽고'가 나온다. 이 땅을 사는 우리도 예수님을 믿지만 죽는 것처럼, 예수님의 계보에는 '죽고'가 기록되어 있다. 그러나 여기서 강조하는 것은 '죽고'가 아니라 '낳고'이다.

우리는 아브라함의 계보인 창세기 5장에서의 '죽고'의 계보가 예수 그리스도로 말미암아 '낳고'의 계보로 바뀌었음을 기억해야 한다. 우리가 이 사실을 깨닫게 될 때, 죽음의 그림자에 노출되고 잠깐 낙심하는 일이 있을지언정 생명 되시는 예수 그리스도로 말미암아 회복하는 일이 날마다 일어나게 될 줄 믿는다. 이 사실을 잊으면 안 된다.

그리고 이 사실 때문에 감격하며 사는 삶이 우리가 지금 걷는 광야길이다. 비록 아직 영화에 이르지는 않았지만, 늘 요단강 건너 들어가게 될 젖과 꿀이 흐르는 가나안, 하나님이 주신 약속의 땅을 기대하고 소망하며 살아가야 할 줄 믿는다. 그것이 이 땅에서의 그리스도인의 삶이다.

생명의 권세 안으로 들어가게 된 감격

최병성 목사님이 쓴 《길 위의 십자가》라는 책이 있다. 저자가 길을 가다가 우연히 십자가 모양을 발견했다. 보도블록 틈새였다. 네모반듯한 보도블록이 놓여진 틈새가 십자가 모양으로 보이는 것을 나도 본 적이 있는데, 이분이 그것을 본 것이다.

사람들이 분주히 다니는 길거리에서 그 십자가를 발견하고는 눈물이 쏟아졌다고 한다. '주님이 멀리 계시는 분이 아니구나. 우리 일상 속에 늘 함께해주시는 분이시구나' 이것을 깨닫고 감격이 넘쳐서 그때부터 일상 속에서 십자가를 발견하면 사진을 찍었다고 한다. 보도블록 틈새에서, 돌계단에서, 바닷가 바위에서, 숲의 나무와 꽃에서도 십자가를 발견해 사진을 찍었다. 그렇게 발견한 십자가를 묵상하며 글을 쓰다 보니 책 한 권이 되었다고 한다. 보도블록 사이의 십자가 모양을 보고도 감격의 눈물을 흘릴 수 있다면, 그는 얼마나 행복한 사람인가? 우리에게도 이 행복이 있는가? 이 기쁨이 있는가? 혹시나 이 기쁨을 잊어버리고 살고 있지는 않은가?

죄와 사망이 득세하는 이 시대를 살아가면서 단 하루라도 상처

받는 일 없이 살기가 어렵다. 하지만 우리도 이 목사님처럼 어두운 세상을 살면서도 기쁨과 감격의 눈물을 흘릴 수 있는 삶을 살 수 있다. 이런 감격이 넘치는 삶을 살기 위해서는 우리 삶의 태도가 달라져야 한다.

> 그러나 내게는 우리 주 예수 그리스도의 십자가 외에 결코 자랑할 것이 없으니 갈 6:14

십자가를 사랑하고 십자가를 자랑할 때, 드디어 사망의 권세 안에서 벗어나 생명의 권세 안으로 들어갔다는 감격이 넘칠 때, 이런 감격이 사도 바울에게 얼마나 큰 능력이 되었는가? 우리도 이 감격을 회복해야 한다.

지금 죄의 노예근성 때문에 있어서는 안 될 자리에 있다면, 우리 삶에도 예수 그리스도의 복음과 십자가의 능력이 나타나기를 기도하자. 우리의 자력으로는 절대 죄의 세력을 이길 수 없다. 보도블록 틈새의 십자가를 보고도 눈물을 흘리는 감격이 회복된 것처럼, 오늘 우리에게도 구원의 은혜의 감격이 회복되기를 간절히 바란다.

ROMANS

20 율법이 들어온 것은 범죄를 더하게 하려 함이라 그러나 죄가 더한 곳에 은혜가 더욱 넘쳤나니 21 이는 죄가 사망 안에서 왕 노릇 한 것 같이 은혜도 또한 의로 말미암아 왕 노릇 하여 우리 주 예수 그리스도로 말미암아 영생에 이르게 하려 함이라   로마서 5:20,21

chapter 8

은혜가 왕 노릇 하게 하라

죄를 뛰어넘는 강력한 능력

앞장에서 우리는 로마서를 기록한 사도 바울이 '한 사람 아담'의 범죄로 말미암아 죄와 사망의 영향력 아래 놓였던 우리가 '한 분 예수 그리스도'로 말미암아 '의와 생명의 영향력' 아래로 옮겨지게 되었다는 대표성의 원리에 대해 살펴보았다. 내가 이 장에서 이 본문 말씀에 대해 한 번 더 살펴보기로 한 것은, 이것을 설명하는 과정에서 바울이 반복해서 사용하는 단어 하나가 있었기 때문이다. 그 단어는 바로 '은혜'이다. 지금 바울이 은혜라는 단어를 얼마나 빈번하게 반복하지는 살펴보자.

> 그러나 이 은사는 그 범죄와 같지 아니하니 곧 한 사람의 범죄를 인하여 많은 사람이 죽었은즉 더욱 하나님의 '은혜'와 또한 한 사람 예

수 그리스도의 '은혜'로 말미암은 선물은 많은 사람에게 넘쳤느니라
롬 5:15

한 사람의 범죄로 말미암아 사망이 그 한 사람을 통하여 왕 노릇 하였은즉 더욱 '은혜'와 의의 선물을 넘치게 받는 자들은 한 분 예수 그리스도를 통하여 생명 안에서 왕 노릇 하리로다 롬 5:17

율법이 들어온 것은 범죄를 더하게 하려 함이라 그러나 죄가 더한 곳에 '은혜'가 더욱 넘쳤나니 롬 5:20

이는 죄가 사망 안에서 왕 노릇 한 것같이 '은혜'도 또한 의로 말미암아 왕 노릇 하여 우리 주 예수 그리스도로 말미암아 영생에 이르게 하려 함이라 롬 5:21

이처럼 바울은 계속 반복해서 '은혜'라는 단어를 피력하고 있는데, 본문을 자세히 보니까 바울이 '은혜'를 설명할 때마다 함께 붙이는 수식어가 있다. '더욱 넘쳤다'라는 표현이 그것이다. 이런 표현을 통해 바울이 강조하고 싶었던 것이 무엇일까? 아담 한 사람과 예수 그리스도 한 분을 반복해서 대조하면서 바울은 불순종하여 실패한 아담에 비하여 '월등하신' 예수 그리스도를 강조하고 싶었던 것이다.

같은 맥락으로 바울은 '은혜'라는 단어를 반복하면서 죄와 죽음도 권세이지만, 은혜는 그것을 뛰어넘는 강력한 능력이요 풍성함이란 것을 강조하고 있다.

은혜에 대한 자신감

이처럼 바울은 로마서를 통해서 자신이 예수 그리스도를 영접한 이후에 자신이 경험한 은혜에 대한 감격과 함께 은혜가 가진 강력한 능력을 드러내기 원했다. 그리고 예수님을 믿기 이전의 어두운 상태에 있을 때에는 죄와 죽음의 능력이 자기를 끌고 갔지만, 이제는 새 주인 되신 예수 그리스도의 은혜가 자신을 얼마나 강력하게 이끄는지를 바울 서신 곳곳에서 드러내고 있다.

예를 들어 디모데전서 1장 13절을 보자.

내가 전에는 비방자요 박해자요 폭행자였으나 도리어 긍휼을 입은 것은 내가 믿지 아니할 때에 알지 못하고 행하였음이라 딤전 1:13

바울이 귀한 것이, 대부분의 사람들이 자신을 대단한 종, 위대한 종, 우리 같은 평범한 사람은 발 벗고 따라가도 못 따라갈 위인이라고 존경했지만, 그러나 그는 틈만 나면 과거에 비참했던 자기 모습들을 계속 노출하고 있다.

스스로가 "내가 전에는 비방자요 박해자요 폭행자였다"라고 자신을 비하하는 것은 바울이 가진 '은혜에 대한 자신감' 때문이었다. 자신의 비참했던 과거를 고백한 바로 다음에 그는 이렇게 말한다.

우리 주의 은혜가 그리스도 예수 안에 있는 믿음과 사랑과 함께 넘치도록 풍성하였도다 딤전 1:14

자신은 그렇게 비참한 존재였지만, 지금은 주님의 은혜가 넘치도록 풍성하다는 자신감 넘치는 고백이다.

바울이 이처럼 자신을 지나칠 정도로 비하하는 이유는, 자신이 낮아지면 낮아질수록 자신을 향한 예수 그리스도의 복음의 능력이 더욱 강하게 드러나기 때문이었다. 기왕 예수님을 믿는데, 우리도 바울처럼 은혜에 대한 자신감이 우리 삶 속에서 드러나면 좋겠다. 복음의 능력이 나의 과거의 부끄러운 모습을 변화시킨 능력이 됨을 드러내는 삶을 살면 좋겠다. 예수 그리스도의 복음이 초라하기 짝이 없는 나와 나를 얽매고 있는 죄와 죽음의 권세를 압도하는 강력한 능력이요 힘이요 풍성함임을 드러내면 좋겠다.

바울은 에베소서 1장 7절에서도 이렇게 고백한다.

우리는 그리스도 안에서 그의 은혜의 풍성함을 따라 그의 피로 말미암아 속량 곧 죄 사함을 받았느니라 엡 1:7

바울이 가진 이런 은혜에 대한 확신과, 그리고 그 확신이 주는 은혜의 감격들이 우리 안에 넘치도록 작동되길 간절히 바란다.

은혜가 작동되면 열등감이 의욕으로 바뀌다

로마서 5장을 여러 번 묵상하면서 내 안에 한 가지 좋은 변화가 일어났다. 나에게는 오래전부터 묘한 습관 하나가 있었는데, 스스로 '나는 왜 실력이 이것밖에 안 되지? 나는 왜 성격이 이 정도밖에 안 되지?' 하며 나의 작음을 자각할 때마다 흥얼거리는 유행가가 하나 있었다. 오래전에 나온 '가나다라'란 노래다. 이 노랫말 가사 중에서, "하고 싶은 일들은 너무너무 많은데 이내 두 팔이 너무 모자라고 … 알고 싶은 진리는 너무너무 많은데 이내 머리는 너무 작고…"란 가사를 보면 내가 왜 나의 약함이 드러날 때마다 이 노래를 흥얼거리는지 알 수 있을 것이다.

이처럼 나 자신의 연약함을 뼈저리게 느끼게 하는 유행가 가사를 흥얼거리곤 했는데, 그런데 로마서 5장에 담긴 은혜를 묵상하면서부터 내 노래에도 변화가 생겼다. 나의 연약함과 부족함을 드러내는 '가나다라'란 노래도 여전히 떠오르지만, 이제는 "은혜로다 주의 은혜 한량없는 주의 은혜"라는 찬양을 함께 흥얼거리게 된 것이다.

우리 모두는 연약한 점이 많은 연약한 사람들이다. 그러나 그럼에도 불구하고 우리 입술에서 '변함없이 신실하신 주의 은혜'를 노래할 수 있게 되었다.

은혜를 깊이 묵상하지 않으면 나의 약점은 나를 열등감으로 몰고 간다. 그러나 은혜가 주는 강력함이 나를 견인하면 내가 초라할수록 더욱 감동의 자리로 나아갈 수 있는 것이다. 성령님은 나에게 자주 깨달음을 주신다.

'네가 약하고 부족한 사람이라는 것을 아쉬워하지만, 네가 약하고 모자라서 네 인생에 어떤 문제가 생겼느냐? 너처럼 부족한 목사가 분당우리교회 담임목사가 되었음에도 교회가 어려움을 겪지 않는 것은 은혜가 함께 하기 때문이다.'

때로 이 사실을 깨달을 때마다 나는 나의 연약함을 하나님께 감사한다. 내가 작을수록, 나의 작음이 자각될수록 그럼에도 손색없이 인도해주시는 하나님의 은혜가 더욱 크게 드러나기 때문이다. 은혜를 알기 전에는 죄와 사망의 권세가 나를 열등감으로 몰고 갔지만, 나에게 은혜가 작동되니까 '아, 이렇게 모자라고 부족한데도 하나님께서 나를 손색 없이 인도해주시는구나', 이런 감동이 나를 감싸는 것이다.

보통, 한 분야에서 10년 일하면 전문가가 된다고 한다. 나는 33년째 설교하고 있으니 전문가를 세 번을 하고도 남는다. 그런데 놀랍게도 나는 아직도 나의 설교에 대해 아쉬움 가득함으로 은혜를 구한다. 이 부족한 설교를 채워주실 것을 간절히 기도한다. 그리고 지금도 설교학에 관한 책을 구매해서 공부하고 있다. 설교란 무엇인지, 요즘 새로운 학자들이 설교에 대해서 어떻게 정의하고 있는지 공부하고 싶은 의욕이 생긴다. 내가 책을 읽으면서 새삼 깨닫는 게 있었다.

'내가 정말 뭘 모른 채 설교했구나. 아무것도 모르고 설교했는데도 이렇게 은혜를 주셨는데, 제대로 알아가면서 설교하게 되면 앞으로 얼마나 더 놀랍고 풍성해질까?'

요즘 나는 기독교 교리에 관한 책들을 구해서 읽고, 신학교 다닐 때 배웠던 책들도 다시 꺼내서 읽고 있다. 왜 이렇게 열심을 내는가? 한 분야에서 10년 일하면 전문가가 된다는 법칙이 나에게는 적용되지 않기 때문이다. 아니, 적용되지 않길 원한다. 나는 평생 '초보 설교자'의 자리를 벗어나지 않길 원한다. 그래야 약한 자에게 임하시는 하나님의 은혜가 계속될 수 있기 때문이다. 이것이 은혜가 주는 능력이다.

가만히 내버려두면 내 작음으로 인해 열등감으로 치달을 수 있는 상황인데, 은혜는 오히려 나의 약함을 삶의 의욕으로 변화시켜 준다. '하나님, 제가 아직도 모자라는 것이 이렇게 많음을 발견합니다. 이렇게 모자라는 것이 많은데도 손색없이 일하신 하나님, 하나님의 그 은혜에 부응해서 내 연약한 것을 잘 채워나가겠습니다'라고 기도하게 된다.

이런 은혜를 우리가 다 누리면 좋겠다. 은혜를 모를 때는 틈만 나면 우울해지고 열등감에 빠지고 초라해지곤 했던 우리의 심령이 은혜로 말미암아 나의 초라함이 삶의 의욕으로 연결되는 놀라운 변화를 다 같이 맛보면 좋겠다.

은혜가 내 삶을 다스리도록

이런 맥락에서 본문에 나와 있는 은혜와 관련된 말씀 중에서 꼭 기억해야 할 두 가지 표현을 이야기해보려고 한다.

첫째로, 21절에 나오는 "은혜도 또한 의로 말미암아 왕 노릇 하여"라는 표현이다.

이게 무슨 의미인가? 우리말로는 조금 애매한데, 쉽게 설명하면 '은혜가 내 삶에 영향을 미쳐'라는 뜻이다. 앞에서도 언급했듯이, 이제 더 이상 죄와 사망의 권세가 우리를 다스리지 못한다. 더 이상 죄와 사망이 나의 주인 노릇을 하지 못한다. 우리의 새 주인은 예수 그리스도시다.

의와 생명을 주장하시고 생명의 길로 인도하시는 예수 그리스도께서 내 인생의 주인이 되시고 내 삶에 영향력을 미치게 되었다면, 우리는 예수님께 다스림을 받는 사람답게 주님이 주시는 은혜가 내 삶에 영향을 미치도록 해야 한다. 나는 나 자신에게 선포했다. 시편에 보면 "내 영혼아"라면서 자기 자신에게 선포하는 게 많다. 그래서 나도 그렇게 나에게 선포했다.

'이 목사, 은혜가 네 삶을 다스리도록 해라. 은혜가 네 삶에 영향

을 미치도록 해라.'

앞에서 '죄의 노예근성'이라는 말을 한 적이 있다. 이스라엘 백성
들이 홍해를 건너서 이제 더 이상 악한 애굽 왕의 통제를 받지 않는
데도 불구하고 틈만 나면 옛 습관을 좇았던 것처럼 우리도 마찬가
지다. 내 인생의 주인이 바뀌었음에도 여전히 옛 주인에게 끌려 살기
쉽다. 목사라고 예외가 아니다. 이것이 우리의 현실이기에 나는 하
나님께 기도하고 또 기도한다. 하나님의 은혜가 나를 다스릴 수 있
도록, 은혜가 내 삶에 영향을 미칠 수 있도록.

지금 누가 당신의 삶을 다스리고 있는가? 누가 당신의 삶에 결정
적인 영향력을 행사하고 있는가? 죄악의 노예근성을 버려라. 옛 주
인을 따라가지 마라. 그리고 선포하라.

'더 이상 죄와 사망의 권세는 나를 다스리지 못한다. 죄와 사망의
권세가 나를 더 이상 우울의 자리, 초라한 자리로 몰고 가지 못한
다. 그들이 나를 열등감에 빠뜨릴 수 없다. 이제 은혜가 나를 다스
리게 할 것이다.'

이런 선포 속에 성령님의 은혜가 함께할 줄 믿는다.

은혜의 실제적인 영향력

존 비비어의 《은혜》라는 책에서 은혜와 관련한 사전 두 곳의 정의
를 인용한 글을 보았다.

먼저는, 스트롱 헬라어 사전에서 '은혜'를 정의하기를, "은혜란 마음을 거쳐 삶으로 나타나는 신적 영향력이다"라고 했다. 이 말이 내 마음에 와 닿았다. 특히 '마음을 거쳐'란 표현이 내게 큰 울림을 주었다. 은혜는 마음에 가두어 두는 것이 아니다.

오늘 수많은 성도가 은혜를 가두어 둔다. '아, 은혜가 저런 뜻이구나. 잘 들었다. 깨달았다' 하고 끝이다. 그러면 안 된다. 은혜는 마음의 밭을 통과할 뿐이다. 마음을 거쳐서 그 영향력이 삶으로 나타나야 한다. 나의 부족함과 연약함으로 괴로울 때마다 "알고 싶은 진리는 너무너무 많은데, 내 머리가 너무 너무 작고…", 이런 식으로 자책하듯 유행가 가사를 되뇌이고 있으면 안 된다.

그리고 그 책에서 존더반 성경용어백과사전에서 내린 은혜와 관련한 정의도 소개하는데, "은혜는 우리에게 의를 전가시켜 하나님 앞에 서게 할 뿐 아니라 그 이상의 일까지 하게 하는 역동적인 힘이다. 은혜는 우리의 실생활에도 영향을 준다. 하나님이 우리 안에 능력을 주셔서 우리의 무력감을 극복하게 하시는 것이 은혜의 특징이다"라고 했다.

무슨 말인가? 은혜가 주는 감격이 이론적이고 정적인 그 무엇에 머무르는 것이 아니라 실제적으로 내 삶을 회복시켜주는 에너지라는 것이다.

앞에서도 언급했듯이, 맨날 나의 작음과 초라함을 노래하는 '허무가'만 부르던 나의 입술이었는데, 신비로운 것은 그렇게 나의 연약함을 인식하며 하나님께 나아갈 때 하나님께서는 내 안에서 더욱 크게 일하신다는 것이다. 이것이 하나님 은혜의 크심과 강력하심이다. 이 강력하신 하나님의 은혜로 작고 초라한 자기 인식으로 무기력해 있는 나의 삶이 강렬한 의욕으로 변화되는 것을 수없이 경험했다. 이것이 '은혜가 나를 다스리도록 하라'는 말씀의 의미이다.

은혜가 우리 삶의 에너지가 되는 것을 맛보기를 바란다. 다시 묻는다. 지금 무엇이 당신의 삶을 견인하는가? 무엇이 지금 당신의 삶을 지배하고 있는가? 은혜가 다스리게 하라.

죄의 세력보다 더 큰 은혜의 능력

둘째로 은혜와 관련해서 기억해야 할 표현은, 20절에 나오는 "죄가 더한 곳에 은혜가 더욱 넘쳤나니"라는 표현이다.

율법이 들어온 것은 범죄를 더하게 하려 함이라 그러나 죄가 더한 곳에 은혜가 더욱 넘쳤나니 롬 5:20

20절 앞부분의 "율법이 들어온 것은 범죄를 더하게 하려 함이라"라는 말은 율법이 죄를 양산한다는 뜻이 아니다. 이것은 죄가 내 안에 들어와 왕 노릇 하고 있음에도 불구하고 그 사실조차 자각하지 못하는 미련한 인간들에게 율법이 그 사실을 자각하게 하는 기능을 한다는 뜻이다.

율법의 한계가 무엇인가? 율법은 그냥 자각하게 하는 기능밖에는 없다. 율법을 건강검진에 비유하면 이해가 쉬울 것 같다. 건강검진은 어디에 이상이 생겼는지 몰랐던 것을 자각하게 하는 기능은 있지만, 그 병을 고치고 회복하게 하는 일은 못 한다. 이것이 율법의 한계이다.

이에 반해 "죄가 더한 곳에 은혜가 더욱 넘쳤나니"라는 표현은 율법과 은혜의 어떤 점을 대조하고 있는가 하면, 율법과 달리 은혜는 우리의 연약함을 자각하게도 하지만 그것으로 끝나지 않고 치유하고 회복시켜주고 살려주는 역할을 한다는 것이다. 이것이 은혜다. 율법은 죄를 자각하게 하지만 고치는 기능이 없는 것에 반해, 은혜는 치유하고 회복하게 하는 능력이 있고 더 중요한 것은 우리로 하여금 그것 때문에 감격하는 삶, 감사하는 삶을 살게 해준다는 것이다.

둘째 아들의 감격

탕자의 비유에 나오는 둘째 아들을 생각하면, 여기 나오는 "죄가 더한 곳에 은혜가 더욱 넘쳤나니"라는 말씀이 확 와닿는다. 그 못된 둘째 아들이 아버지의 속을 뒤집어 놓고 엄청난 재산을 허랑방탕하게 다 쓰고 나중에는 돼지들이 먹는 쥐엄 열매조차 못 먹는 비참한 자리에 빠졌을 때 비로소 자각하고 결심했다. 아버지한테 가야겠다고. 그래도 염치는 있다. 아들이 아니라 종으로 가겠다고 한다.

지금부터는 아버지의 아들이라 일컬음을 감당하지 못하겠나이다 나를 품꾼의 하나로 보소서 하리라 하고 눅 15:19

둘째 아들의 이 눈물의 고백 앞에 아버지가 어떻게 반응하는가?

아버지는 종들에게 이르되 제일 좋은 옷을 내어다가 입히고 손에 가락지를 끼우고 발에 신을 신기라 눅 15:22

여기 '손에 가락지를 끼우고'라는 표현을 비롯해 한 마디 한 마디에 아들로서의 신분을 회복시켜주시는 아버지의 마음과 의도가 담겨 있다. 종으로라도 받아주시면 여한이 없겠다는 둘째 아들에게 아들의 신분으로 회복시켜주시는 아버지의 은혜가 임했을 때 이 둘째 아들에게 적용되는 말씀이 무엇일까?

"죄가 더한 곳에 은혜가 더욱 넘쳤나니."

성경에 그 이후의 내용은 안 나오지만, 안 봐도 그려지지 않는가? 둘째 아들은 죽을 때까지 아버지의 은혜에 감격하며 아버지의 그림자만 봐도 눈물을 흘렸을 것 같다. 종으로조차 불러주지 않아도 할 말이 없는 자신을 아들로 불러주신 아버지. 그 아버지의 은혜가 얼마나 감격스러웠겠는가.

이것을 보면 탕자의 비유에 나오는 큰아들의 문제가 금방 드러난다. 큰아들은 자부심이 있었다.

'나는 저 놈과 달라. 나는 아버지의 마음을 아프게 한 적도 없고 가출한 적도 없고 늘 아버지 곁에서 아버지를 섬겼다고!'

이렇게 자부심이 넘쳤던 큰아들이지만 그의 문제가 무엇인가? 그는 그것 때문에 동생을 무시하고 상대적인 우월감에 빠져 있었다. 그리고 더 큰 문제는 그것 때문에 아버지에 대해 화가 나 있다는 것이다. 이것이 큰아들이 가진 치명적인 문제다.

여전히 그 감격이 있는가?

나는 이 비유 속에 나오는 큰아들과 둘째 아들을 보면서 마음이 아팠다. 혹시 우리 성도들이 감격의 둘째 아들과 같은 기쁨과 겸손으로 신앙생활을 시작했는데, 어느 순간엔가 매일 화가 나 있는 큰아들로 바뀌어가고 있는 것은 아닌가 하는 염려 때문이다. 인터넷을 보면 화난 큰아들 같은 분노의 글이 가득하다.

'저 사람은 저게 문제고 이 사람은 이게 문제고, 이건 이래서 저건 저래서 문제고, 한국 교회는 이래서 문제고 저래서 기분 나쁘고.'

이것이 한국 교회가 둘째 아들의 감격을 잃어버리고 매일 화가 나 있는 첫째 아들로 변질되어 가고 있다는 증거는 아닐까.

우리 교회에서는 기존 신자의 등록을 받지 않는데, 그 과정에서 내가 놀라는 것이 하나 있다. 기존 신자와 초신자를 구별하지 않고 성도 등록을 받았을 때는 몰랐는데, 처음 예수 믿는 사람들만 등록을 받다 보니 그 분들에게 특징이 있다는 걸 알게 된 것이다. 그 특징이 무엇인지 아는가? 우선 그들은 눈물이 많다. 그리고 감격이 많다. 내가 설교할 때 손수건 꺼내는 분들 중에 복음을 처음 듣는 초신자들이 많다는 사실이 이것을 증명한다. 그 모습을 보고 놀라고 감동할 때가 많다.

우리는 어떤가? 처음 예수님 만났을 때의 둘째 아들과 같은 감격이 여전히 있는가? 아버지 생각만 해도 눈물이 나고 자격 없는 나를 구원해주신 하나님의 은혜를 생각하면 세상에 용서 못 할 일이 없을 것 같은, 그 감격이 우리에게 있는가? 이 감격이 있으면 어떤 연약한 사람이 나를 좀 괴롭혀도 '저 정도 용서 못 하랴' 하는 넉넉한 마음이 생긴다. 이것이 은혜의 감격이 주는 순기능이다.

이민 생활을 정리하고 한국으로 돌아와 신학교에 입학했던 첫해에 나는 정말 많이 울었다. 만약 내 평생 흘리는 눈물의 양을 측량할 수 있다면 신학교 1학년이던 그 한 해에 흘린 눈물이 내 평생 흘릴 눈물의 절반은 되는 것 같다. 그 정도로 많이 울었다.

기숙사에서 지내는 동안 새벽기도에 가려고 다섯 시에 일어나서 성경책 들고 다른 전도사들과 함께 예배 장소까지 우르르 가는데, 전도사들의 행렬 끄트머리만 봐도 눈물이 났다.

'나 같은 게 뭐라고 이민 간 나를 불러주셔서 이 귀한 행렬에 내가 함께 끼어 걸어갈 수 있다니.'

새벽기도 시작도 하기 전에 많이 울었다. 기숙사에서 점심 먹다가도 울었다. 이유는 없었다. 점심 먹는데 갑자기 눈물이 났다.

'하나님, 어떤 은혜로 저를 이 자리까지 세워주셨습니까?'

주일 아침에 눈을 떴을 때 갈 교회가 있다는 것이 얼마나 복인지 아는가? 신학교 1학년 내내 나를 교육전도사로 불러주는 교회가 없었다. 주일날 눈을 딱 떴는데 갈 교회가 없어서 '오늘은 어느 교회에 가야 하지?' 하며 일 년을 보냈다.

그때 내가 발견한 것이 무엇인지 아는가? 은혜 받는 데 설교가 중요한 것이 아니란 것이다. 내가 어느 교회에 가서 예배를 드리든지 울지 않은 적이 거의 없었다. 그렇게 매일 울고 매일 감격에 차 있었는데, 지금은 여간해선 눈물이 나지 않는다. 교회 초창기 성도는 아마 알 것이다. 개척 초기에는 열 번 설교하면 대여섯 번은 울었다. 내가 강단에서 말씀 전할 수 있다는 사실 하나만으로도 감격했다. 그때의 모습을 돌아보면 은혜의 눈물이 있는 둘째 아들로 시작한 것이 분명한데, 눈물이 말라버린 요즘이다.

그러다 보니 간혹 이런 생각을 한다. 혹시 나는 감격이 있는 둘째 아들로 시작해서 매일 화 나 있는 큰아들로 변질되어가는 것은 아닌가? 그것이 날 두렵게 한다. 당신은 어떤가? 지금도 둘째 아들이 가진 감격이 있는가?

인터넷에서 재미있는 기사를 본 적이 있다. '부끄러움에 중독된 현대인'이란 제목이었다.

기사 제목이 독특하지 않은가? 내용을 보니까 많은 현대인이 스스로에 대한 수치심과 부끄러움을 억압한 채 살아간다고 한다. 다른 말로 하면 내면의 수치와 부끄러움을 해결하지 않은 채로 덮어놓는다는 것이다. 그래서 겉으로는 그럴듯하게 살아가지만, 내면의 수치와 부끄러움의 문제가 해결이 안 되었기에 여기에서 오는 부작용이 많다고 한다. 그중 하나가 완벽주의에 빠지는 것이다. 사람들에게 나의 수치와 부끄러움이 드러날까봐 완벽주의자처럼 자기의 실수를 용납하지 않는 것이다.

또 다른 부작용은 타인의 통제를 받지 않으려고 스스로 권력을 가지려고 노력하는 것이다. 지나치게 권력 지향적인 사람들은 내면의 수치와 부끄러움이 해결이 안 되어서 그런 것일 수 있다.

또 어떤 사람은 자기 자신에 대하여 부끄러움이 느껴질 때마다 벌컥 화를 내고 분노를 표출한다. 또 어떤 사람들은 심리학 용어로 '투사'라고 하는데 타인의 행동을 윤리적인 잣대로 비판하고 비난하고 지적하는 것으로 자기 내면의 부끄러움을 상쇄한다고 한다.

이런 설명을 보며 '아! 그 사람이 그래서 그런 행동을 했구나'라고 떠오르는 사람이 있을 것이다. 그리고 누군가는 당신을 떠올리고 있을지 모른다. 무슨 말인가? 이 문제에서 자유할 수 있는 사람은 아무도 없다. 우리는 다 내면의 수치와 부끄러움이 해결되지 않은 상태로 살아가고 있다. 이런 상태로 살아가는 우리이기에 대안은 하나밖에 없다.

은혜가 다스리도록 하라. 은혜가 나를 다스리면 내 부끄러움이, 내 수치가 열등감이 아니라 의욕의 회복으로 바뀐다. 로마서를 기록한 사도 바울이 바로 그런 변화의 삶이 가능하단 사실을 보여준 인물이다.

고린도전서 15장에 보면 바울이 부활하신 예수님에 대해 논증하면서, 예수님이 가장 먼저 베드로를 만나시고 또 열두 제자를 만나주셨으며, 오백여 사람을 동시에 만나주시고 또 이 사람 저 사람을 만났다고 피력하고는, 이렇게 기록한다.

맨 나중에 만삭되지 못하여 난 자 같은 내게도 보이셨느니라 나는 사도 중에 가장 작은 자라 나는 하나님의 교회를 박해하였으므로 사도라 칭함 받기를 감당하지 못할 자니라 그러나 내가 나 된 것은 하나님의 은혜로 된 것이니 내게 주신 그의 은혜가 헛되지 아니하여 내가 모든 사도보다 더 많이 수고하였으나 내가 한 것이 아니요 오직 나와 함께하신 하나님의 은혜로라 고전 15:8-10

바울을 견인하는 힘이 무엇인가? 만삭되지 못한 자, 자격 없는 자, 교회를 핍박했고 사도라 칭함을 받기에 적절하지 않은 자였던 자신을 '그러나' 사도로 불러주신 주님의 은혜, 그 은혜의 감격으로 살았던 인물이 사도 바울이다.

"그러나 내가 나 된 것은 하나님의 은혜로 된 것이니."

자신은 자격 없지만, '그러나' 그런 자신을 만나주시고 이 자리까지 이끌어주신 주님의 은혜에 감격하는 눈물을 흘리던 인물이 사도 바울이었다. 그 감격이 그를 이끌어갔다. 우리 안에도 이 '그러나'의 은혜가 회복되어야 한다. 자격 없는 우리를 만나주시고 의롭다 칭해주신 하나님의 은혜에 대한 감격이 다시금 회복되어야 한다.

살아가는 모든 순간이 은혜

어느 크리스천 여류 작가가 미국 뉴욕을 방문했다. 여기저기 다니는 중에 눈에 띈 사람이 한 명 있었다. 길거리에서 꽃을 파는 할머니였다. 남루한 옷을 입고 꽃을 팔아 생계를 연명하는 할머니가 왜 눈에 들어왔을까? 그 작가가 보니까 남루한 옷을 입고 있는 초라한 할머니의 얼굴에 그렇게 기쁨이 가득할 수 없었다는 것이다. 너무 특이해서 가서 말을 건넸다.

"할머니, 할머니는 뭐가 그렇게 즐거우세요?"

그랬더니 그 할머니가 활짝 웃으시며 이렇게 답했다.

"아니, 세상이 이렇게 아름다운데 왜 즐겁지 않겠습니까?"

그 작가가 다시 말했다.

"할머니는 고통이나 고민에 대해 마음 편히 생각하는 재주가 있으시군요."

그랬더니 그 할머니가 하신 대답이 무엇인지 아는가?

"예수님께서 십자가에 못 박혀 돌아가실 때 가장 슬픈 하루였지요. 그런데 사흘 만에 부활하지 않으셨나요? 그래서 저는 제가 불행하다고 생각될 때마다 꼭 사흘을 기다립니다. 그러면 이상하게도 모든 게 정상으로 변해 있는 거예요."

이 할머니의 입에서 나온 '사흘'이라는 표현은 예수 그리스도의 십자가에서의 죽으심과 부활하심에 대한 실제적인 삶의 적용 아닌가? 비록 힘든 삶을 살아가는 할머니였지만, 이 할머니의 삶이 역동적일 수밖에 없는 것은 예수 그리스도의 죽으심과 부활하심이 이 할머니의 삶에서 작동되고 있었기 때문이다.

복음이 우리 삶에서도 작동되기 바란다. 예수 그리스도의 죽으심과 부활하심이 내 삶에 작동되기 시작하면 마음이 찢어지는 가슴 아픈 일이 일어나도 사흘만 지나면 회복되는 신비로움을 경험하게 될 것이다.

우리의 아픔과 무기력이 일주일이 가도 회복이 안 되고 한 달이 지나도 회복되지 않는 이유는 내 삶에서 은혜에 대한 감격이 사라졌기 때문임을 자각하면 좋겠다.

자신을 한번 정직하게 들여다보길 바란다. 우리는 너 나 할 것 없이 이 수치와 부끄러움을 감추고 살아간다. 이 문제가 해결이 안 되어서 나오는 부작용이 엄청 많다. 어떻게 하면 좋은가? 다시 강조한다. 대안은 하나다. 은혜를 회복해야 한다. 은혜에 대한 감격을 회복해야 한다. 나는 왜 이 모양인가, 나는 왜 이것밖에 안 되는가 싶을 때, 은혜가 필요하다. 첫째 아들의 자리가 아니라 자격 없는 자신을 받아주신 아버지에 대한 감격으로 눈물 흘렸던 둘째 아들의 자리를 되찾아야 한다. 그러면 살아가는 모든 순간이 주님의 은혜임을 깨닫게 될 것이다.

우리 모두가 그리스도의 복음이 우리 내면에 작동되어 은혜가 우리의 삶에 영향력을 발휘하고, 은혜가 우리를 다스리게 되기를, 그래서 그 은혜에 대한 감격으로 날마다 살아가게 되기를 간절히 소원한다.

믿는
자답게
살다

PART 4

ROMANS

1 그런즉 우리가 무슨 말을 하리요 은혜를 더하게 하려고 죄에 거하 겠느냐 2 그럴 수 없느니라 죄에 대하여 죽은 우리가 어찌 그 가운 데 더 살리요 3 무릇 그리스도 예수와 합하여 세례를 받은 우리는 그 의 죽으심과 합하여 세례를 받은 줄을 알지 못하느냐 4 그러므로 우 리가 그의 죽으심과 합하여 세례를 받음으로 그와 함께 장사되었나 니 이는 아버지의 영광으로 말미암아 그리스도를 죽은 자 가운데서 살리심과 같이 우리로 또한 새 생명 가운데서 행하게 하려 함이라 5 만일 우리가 그의 죽으심과 같은 모양으로 연합한 자가 되었으면 또 한 그의 부활과 같은 모양으로 연합한 자도 되리라 6 우리가 알거니 와 우리의 옛 사람이 예수와 함께 십자가에 못 박힌 것은 죄의 몸이 죽어 다시는 우리가 죄에게 종 노릇 하지 아니하려 함이니 7 이는 죽 은 자가 죄에서 벗어나 의롭다 하심을 얻었음이라 8 만일 우리가 그 리스도와 함께 죽었으면 또한 그와 함께 살 줄을 믿노니 9 이는 그리 스도께서 죽은 자 가운데서 살아나셨으매 다시 죽지 아니하시고 사 망이 다시 그를 주장하지 못할 줄을 앎이로라 10 그가 죽으심은 죄 에 대하여 단번에 죽으심이요 그가 살아 계심은 하나님께 대하여 살 아 계심이니 11 이와 같이 너희도 너희 자신을 죄에 대하여는 죽은 자요 그리스도 예수 안에서 하나님께 대하여는 살아 있는 자로 여길 지어다

로마서 6:1-11

chapter 9

내 안의 죄 죽이기

은혜를 더하려고 죄를 더할 수 있는가

우리가 계속 로마서 5장을 통해 이신칭의에 따른 결과들에 대해 살펴보고 있는데, 간혹 이신칭의와 관련하여 오해하는 경우가 있다. 우리 교회 어느 모임에서 이런 권면을 한 적이 있다고 한다.

"교회에서 진행하는 성경 공부나 기도 훈련에 참석하셔서 각종 신앙훈련에 좀 더 힘을 쓰면 좋겠습니다."

그러자 누군가 그 권면에 반박했다.

"이미 믿음으로 구원받았는데 이런 훈련이 왜 필요합니까? 자꾸 그런 것을 요구하지 마세요. 피곤합니다."

믿기만 하면 구원해주시는 하나님의 은혜만 있으면 되는데 자꾸 훈련을 강요하지 말라는 것이다. 나는 이분의 말 속에서 이신칭의에 대한 오해가 느껴졌다.

성격이 다르긴 하지만, 본문에도 이런 비슷한 오해에 대해 바울이 풀어서 설명하는 내용이 나온다. 앞에서 살펴본 것처럼 바울은 로마서 5장 20절에서 은혜의 강력함을 이렇게 설명했다.

"죄가 더한 곳에 은혜가 더욱 넘쳤나니."

아무리 큰 죄를 범했다 하더라도 그 죄를 이기지 못하는 은혜는 없다는 뜻 아닌가? 바울이 이 놀라운 말씀을 선포하자 어떤 사람들은 이 말씀을 악용했다.

'그 말이 사실이라면 악한 짓을 더 많이 해야겠네. 죄를 더 많이 지을수록 은혜가 더 커지는 것 아니냐?'

이런 식으로 논쟁거리를 만들었다. 그래서 율법을 부인하거나 경시하는 사상이 생겨났는데, 이런 주장을 '도덕률 폐기론'이라고 한다. '내가 윤리적으로 잘 살 필요가 있느냐? 악하면 악할수록 은혜가 더 커지는데'라는 주장이다. 이런 도덕률 폐기론자들에 대해 바울이 어떻게 반박하는가? 그것이 로마서 6장 서두에 나오는 말씀이다.

그런즉 우리가 무슨 말을 하리요 은혜를 더하게 하려고 죄에 거하겠느냐 그럴 수 없느니라 죄에 대하여 죽은 우리가 어찌 그 가운데 더 살리요 롬 6:1,2

이 말씀을 어렵게 생각하는 성도들도 많지만, 사실 이 말씀은 신학적으로 깊이 해석해야만 깨달을 수 있는 말씀이 아니다. 이것은 은혜 받아본 사람은 다 안다. 은혜의 감격이 클수록 '막 살아도 되겠네'라고 할 수 없다는 사실을 말이다.

용서받은 자의 삶

요한복음 8장에 간음하다가 잡힌 여인의 이야기가 나온다. 서기관과 바리새인들이 어떤 여자를 끌고 와서는 "선생이여 이 여자가 간음하다가 현장에서 잡혔나이다. 율법에 이런 여자들은 돌로 치라고 명하였는데 선생님은 어떻게 말씀하시겠습니까?"라며 예수님을 시험했다. 그때 예수님이 "너희 중에 죄 없는 자가 먼저 돌로 치라"라며 군중을 다 물리치시고 난 다음에 그 여인에게 하신 말씀을 기억하는가?

"나도 너를 정죄하지 아니하노니 가서 다시는 죄를 범하지 말라."

예수님 덕분에 목숨을 건진 이 여인이 의기양양해져서 '이제 나는 막 살아도 된다. 현장에서 잡혔는데도 살아났다'라면서 더욱 죄를 지으며 살았겠는가? 절대 그럴 수 없었을 것이다.

아마 은혜를 입은 그 여인은 평생 두 가지를 추구하며 인생을 살았을 것 같다. 하나는 그 큰 은혜를 내가 입었는데, 그 은혜를 베푸신 분의 말씀이 귓가에 평생 쟁쟁거리지 않았을까?

"가서 다시는 죄를 범하지 말라."

그래서 아마도 떨리는 마음으로 주님의 말씀을 지키기 위해 애썼을 것이다.

그리고 또 하나 그 여인이 애썼을 게 무엇이었을까? 자기를 살려 주신 예수 그리스도가 어떤 분이신지, 그분을 더욱 알고 싶었을 것이다. 이것이 은혜 받은 사람의 모습이다.

앞에서 얘기한, 이신칭의를 오해하여 자신은 이미 구원 받았으니 신앙 훈련은 더 받지 않아도 되지 않겠냐는 성도가 모르는 게 무엇인가? 십자가의 은혜와 사랑에 감격하면 '내가 성경 공부 더 할 게 뭐 있어. 이제 구원받았는데'라는 말은 나오지 않는다. 오히려 주님을 더 알고 싶고, 주님과 더 가까이하고 싶고, '다시는 죄를 범하지 말라'라는 주님의 말씀이 귓가에서 맴도니 경건을 향한 몸부림이 더욱 커지게 되어 있다.

로마서 6장 1,2절에서의 말씀이 바로 그 이야기다.

"그런즉 우리가 무슨 말을 하리요 은혜를 더하게 하려고 죄에 거하겠느냐 그럴 수 없느니라 죄에 대하여 죽은 우리가 어찌 그 가운데 더 살리요."

바울의 받은 은혜에 대한 감격과 감사가 뚝뚝 묻어나는 것이 느껴진다.

내 안의 죄를 대하는 올바른 태도

청교도 신학자 존 오웬이 쓴 책 중에 《내 안의 죄 죽이기》라는 제목의 책이 있는데, 나는 이 책의 제목만 봐도 은혜가 된다. 존 오웬이 이 책에서 '죄 죽이기'와 관련한 여러 가지 주옥같은 메시지를 피력하는데, 그 내용 중에 이런 게 있다. 죄 죽이기와 관련해서 피해야 할 두 극단이 있다는 것이다.

첫 번째 극단은, 하나님은 배제하고 자기 스스로 죄와 싸워 이기겠다는 태도이다. 이것은 아주 잘못된 태도라는 것이다. 또 다른 한 가지 극단은 본문 말씀 그대로다. 은혜를 핑계로 죄와 싸우는 것을 피하는 태도가 아주 잘못된 또 하나의 극단이라는 것이다. 정말 그렇지 않은가?

그렇다면 우리는 죄에 대해 어떤 태도를 가져야 하는가? 내 힘으로 죄를 죽이겠다는 태도와 나는 이미 구원 받았으니 내 마음대로 살겠다는 이 양극단을 피하면서 우리가 죄 죽이기를 위해 어떤 대안을 취할 수 있는지, 몇 가지로 살펴보려고 한다.

첫 번째 대안, 신분 의식의 회복

첫 번째로, 내 안의 죄와 싸워 승리하기를 원하는가? 그렇다면 '신분 의식'을 회복해야 한다.

그럴 수 없느니라 죄에 대하여 죽은 우리가 어찌 그 가운데 더 살리요

롬 6:2

이 말씀의 배경이 어떻게 되는지는 알지 않는가? '칭의'라는 것은 주인을 바꾸는 것이라고 설명한 바 있다. 전에는 죄와 사망의 권세가 내 인생의 왕 노릇을 해서 거기에 끌려다녔지만, 이제 예수 그리스도가 내 인생의 왕 노릇 하시면서 내 신분이 바뀌었다.

앞에서 이를 홍해 사건으로 설명했었다. 홍해를 건넌 이스라엘 백성들은 이제 더 이상 애굽 왕 바로의 통치에 영향 받지 않는다. 이런 맥락에서 2절 말씀을 의역하면 이렇다.

'이제 애굽을 떠나 홍해를 건넜는데 왜 옛 주인 애굽 왕 아래에 있던 때의 노예근성을 버리지 못하느냐?'

6절과 7절도 같은 이야기다.

우리가 알거니와 우리의 옛 사람이 예수와 함께 십자가에 못 박힌 것은 죄의 몸이 죽어 다시는 우리가 죄에게 종 노릇 하지 아니하려 함이니 이는 죽은 자가 죄에서 벗어나 의롭다 하심을 얻었음이라 롬 6:6,7

신분의 변화를 자각하고 살라는 말씀이다. 나는 이 말씀을 묵상하다가 오래전에 읽었던 글 하나가 불쑥 떠올랐다.

공사판을 전전하던 꼬맹이가 있었다. 무슨 사연인지 모르겠으나 부모를 잃고 고아가 되었는데 공사판에서 얻어먹고 공사판에서 자는 아이였다. 씻지도 못하고 먹지도 못해서 머리부터 발끝까지 땟물이 줄줄 흐르고 냄새가 나서 가까이 갈 수도 없었다. 그 아이를 지켜보던 어떤 부부가 내막을 알고는 너무 가엽게 여겨 '저 아이를 우리가 키워야겠다'며 양자로 입양했다. 자신들의 호적에 그 아이를 올리고 며칠을 씻겨도 없어지지 않을 정도로 역겨운 냄새가 몸에 배어 있는 아이를 깨끗하게 씻기고는 방을 마련하여 좋은 침대에 깨끗한 이불을 내주어서 함께 살았다.

그러던 어느 날 새벽에 그 부인이 입양한 아이가 잘 자고 있는지 확인해보려고 방문을 열고 들어갔다가 깜짝 놀랐다. 아이가 없어진 것이다. 새벽에 그 어린애가 문 열고 바깥으로 나갔다고 생각하면 아찔하지 않은가? 너무 놀라서 아이를 찾으러 나가려다 보니까 현관 앞 흙먼지가 떨어져 있는 신발장 옆에 웅크리고 자고 있는 게 아닌가. 화도 나고 어처구니가 없어서 그 녀석을 흔들어 깨워서 뭐 하고 있느냐고 야단을 쳤더니 그 꼬맹이가 울면서 이렇게 말했다.

"나는 여기가 더 편한데요."

공사판을 오래 전전하던 그 아이 입장에서는 깨끗한 이불이 너무 불편했던 것이다.

내가 본문 말씀을 묵상하다가 이 이야기가 왜 떠올랐을까? 이것이 이 땅을 사는 우리의 모습이다. 고마운 부부가 아이를 양자로 삼았으니, 그 아이는 이제 더 이상 고아도 아니고 옛 생활을 안 해도 된다. 그런데도 그 아이는 더러운 공사판에서 자던 옛날의 생활방식을 버리지 못하고 있었다.

우리도 우리의 주인이 바뀌었다. 그런데도 우리는 옛 생활에 너무나 익숙하기 때문에 자꾸 옛날로 돌아가려고 한다. 이런 증상은 우리의 실생활 속에서 많이 발견된다.

우리는 상냥한 말투로 "축복합니다. 사랑합니다"라고 하며 상대방을 축복할 때도 마음이 좋지만, 우리 본능은 누군가를 비방하며 수군거릴 때 마음에 시원한 카타르시스를 느낄 때가 더 많지 않은가? "김 집사는 어쩜 사람이 그래? 어떻게 그럴 수 있어?", 전화로 이런 대화를 나누고 난 직후에 찾아오는 마음의 시원함을 느껴본 적이 있을 것이다. 이것이 자꾸 은혜 받기 이전의 옛 생활로 돌아가려고 하는 우리 본능이 작동되고 있다는 증거이다. 공사판을 전전하던 그 아이뿐 아니라 우리도 깨끗한 침대보다도 흙먼지가 떨어져 있는 신발장이 더 편할 수 있다.

이게 밖에 나가 웅크리고 자던 그 아이의 상태고, 우리의 상태다. 옛 주인, 죄와 사망의 권세 아래 살던 우리는 누구를 축복하고 누구를 살리는 일이 아직은 어색하다. 모함하고 없는 말 만들어내고, 사람 하나 매장하고 따돌리는 데 익숙한 세상에서 살다 보니 더욱 그렇다. 그럼 어떻게 해야 하는가? 그 아이가 자기도 모르게 본능적으로 흙먼지 가득한 신발장 앞에 웅크리고 자고 싶은 충동이 들 때마다 회복해야 하는 게 무엇인가? 바로 신분 의식 아닌가?

'나는 이제 옛 생활을 청산해야 하는 신분이 되었다.'

우리도 죄가 우리를 엄습할 때마다, 유혹이 찾아올 때마다 '나는 이제 옛 주인 사망의 권세 아래 통치 받는 자가 아니다. 생명 되신 예수 그리스도가 다스리는 하나님의 사람이다'라는 신분 의식을 회복해야 한다.

신분 의식을 회복하면 일어나는 변화

언젠가 하나님이 나를 테스트하시나 싶은 일이 있었다. 어떤 후배 목사가 내게 메일을 보내왔다. 그 내용이 우리 교회 출신의 어떤 목사가 내 욕을 하고 다닌다는 것이었다. 내 욕을 하는 것을 자기도 다 들었다면서 그런 사람은 가까이하지 말라는 것이었다.

이런 일을 들으면 '사람이 다 그러고 사는 거지. 누군 천사라서 칭찬만 하고 사나'라고 생각하겠지만, 그게 내 일이라면 용납하기 힘들지 않은가? 나도 화가 났다.

그래서 내 욕을 하고 다닌다는 그 목사님에게 바로 메일을 보냈다. '다시는 나에게 찾아오지 마라. 나는 너 같은 인간과 상종할 수 없다. 이 배은망덕한 놈' 하며 욕을 써서 보내고 싶었으나, 내 본능과 달리 사과의 메일을 써서 보냈다. '내가 그런 이야기를 믿지는 않지만, 혹시라도 당신이 나한테 마음 상한 게 있다면 넓은 마음으로 용서해주기를 바란다. 나는 당신이 나 때문에 마음에 어떤 미움의 앙금이 남아 있는 것을 원치 않는다'라는 요지의 메일이었다. 그렇게 그 후배 목사와 메일을 주고 받으며 서로 오해를 풀 수 있었다.

사실 그런 이야기를 들으니 본능적으로 화가 좀 났다. 그런데 내가 왜 사과의 메일을 보냈을까? 신분 의식 때문이다. 나의 옛 주인인 죄와 사망의 권세가 노리는 게 뭔지를 너무 잘 알고 있기 때문이다. 내 옛 주인인 사망과 어둠의 권세는 이간질하고 모함하고 또 미워하고 증오심을 갖기를 원한다.

내가 그 젊은 목사에게 그렇게 메일을 보낸 이유는, 만약에 그게 사실이어서 그 목사가 나를 미워하고 내 험담을 하고 다닌다고 해도 그 소리는 내 귀에 안 들리니까 나랑은 상관없다. 그러나 그 후배 목사에게는 이런 일이 얼마나 치명적이겠는가? 마음 안에 미움의 앙금이 남아 있으면 찬스의 귀재인 사탄이 가만히 있겠는가? 그게 안타까웠다. 그래서 내가 원인을 제공했다면 나를 용서해달라고 메일을 보낸 것이다.

그것은 나 자신도 마찬가지다. 내가 그 목사님을 미워하기 시작하고 불신이 생기면 내가 사탄에게 마음껏 뛰놀 운동장을 만들어주는 것이다. 그러니 풀어야 한다. 이를 악물고라도 풀고 화해하고 용서해야 한다.

이 땅을 살아가는 우리는 항상 신분 의식을 기억해야 한다. 옛 주인은 우리 안에 증오를 심어주고 울분을 심어준다. 대한민국이 지금 울분공화국이 돼 가고 있다고 우려하는 현실에서 우리는 옛 주인의 악한 공작을 방치하지 말아야 한다. 어떤 경우라도 용서하고, 용서를 구해야 한다. 하나가 되고 회복하려고 애써야 하는 것은, 우리의 새 주인 되시는 예수 그리스도께서 그것을 원하시기 때문이다.

그는 우리의 화평이신지라 둘로 하나를 만드사 원수 된 것 곧 중간에 막힌 담을 자기 육체로 허시고 엡 2:14

두 번째 대안, 그리스도와의 연합

그런가 하면, 내 안의 죄 죽이기를 위한 두 번째 대안은 '그리스도와의 연합'을 잊어서는 안 된다는 것이다.

바울은 우리가 어떻게 신분에 맞는 삶을 살 수 있을 것인가에 대해 '세례'를 가지고 설명한다.

무릇 그리스도 예수와 합하여 세례를 받은 우리는 그의 죽으심과 합하여 세례를 받은 줄을 알지 못하느냐 그러므로 우리가 그의 죽으심과 합하여 세례를 받음으로 그와 함께 장사되었나니 롬 6:3,4

'그의 죽으심과 합하여'라는 표현으로 세례를 설명하는데, 사실 '세례 받다'라는 표현 자체가 원어로 보면 '물속에 잠기다. 익사하다'이다. 우리가 세례를 받았다는 것은 '나는 익사했다'라는 뜻이다. 그래서 침례교단에서는 지금도 세례식을 할 때 탕 같은 곳에서 침례식을 베풀면서 세례 받는 사람을 물속으로 완전히 푹 빠뜨린다.

만일 우리가 그의 죽으심과 같은 모양으로 연합한 자가 되었으면 또

한 그의 부활과 같은 모양으로 연합한 자도 되리라 롬 6:5

주님이 십자가에서 죽으실 때 나의 옛 자아도 주님과 더불어 죽었다. 세례식으로 '나는 주님과 더불어 죽은 존재이며 나의 옛사람은 익사했다'는 선포가 이루어지는 것이다. 동시에 주님이 부활하실 때 '나도 주님과 함께 산다'라는 선포이다. 그래서 이것을 '연합 교리'라고 한다.

만일 우리가 그리스도와 함께 죽었으면 또한 그와 함께 살 줄을 믿노니 롬 6:8

누군가 불교와 기독교의 차이를 한 마디로 설명한 것을 들었는데 참 일리가 있다 싶었다. 불교는 혼자 득도하는 과정으로 나아가고, 혼자 그것을 이루어내는 종교라고 한다. 혼자 묵상하고 혼자 고행하고 혼자 도를 향하여 애를 쓰는 게 불교라면, 기독교는 혼자가 아니다. 기독교는 함께이다. 누구와 함께인가? 새 주인 그리스도와 함께하는 것이다.

내가 앞에서 당황스러운 메일을 받았을 때 좋게 풀기 위해 당사자에게 사과의 메일을 보냈다고 했는데, 그때 마음에 되뇌었던 성경 구절이 하나 있다.

내가 그리스도와 함께 십자가에 못 박혔나니 그런즉 이제는 내가 사는 것이 아니요 오직 내 안에 그리스도께서 사시는 것이라 이제 내가 육체 가운데 사는 것은 나를 사랑하사 나를 위하여 자기 자신을 버리신 하나님의 아들을 믿는 믿음 안에서 사는 것이라 갈 2:20

내가 억울한 마음은 있었지만 왜 사과 메일을 쓸 수밖에 없었는가 하면, 새 주인이 그것을 원하셨기 때문이다. 그 메일을 쓰면서 갈라디아서 2장 20절을 왜 되뇌었을까? 내 본능으로는 그게 잘 안 되기 때문이다.

그래서 '나는 그리스도와 함께 십자가에 못 박혔다. 나의 옛 자아는 십자가에서 죽었다. 내 자존심은 죽었다. 나는 못 박혀 죽었으니 이제는 내가 사는 것이 아니요 오직 내 안에 그리스도께서 사시는 것이다'라고 말씀을 되뇌며 고백한 것이다. 그러면서 주님과 연합하여 사과할 수 있는 용기를 달라고 기도했다. 우리는 혼자 사는 존재가 아니다.

죄는 내 힘으로 죽이는 것이 아니다

이런 차원에서 존 오웬의 《내 안의 죄 죽이기》라는 책을 오해하면 안 된다. 자칫 잘못하면 내가 내 안의 죄를 죽이는 것처럼 생각할 수 있지만, 책의 요지는 정반대이다. 그 책에 보면 이런 소제목이 있다.

'죄를 죽이기 위한 원천인 성령을 구하라.'

나 혼자 죄를 죽이겠다고 하면 백전백패이다. 우리 실력을 알지 않는가? 우리 힘으로 어떻게 죄를 죽이겠는가?

보통 '연합 교리'를 설명할 때 결혼에 비유하는 경우가 많다. 내가 결혼해서 잘살고 있는데 옛 애인에게 연락이 와서, '만나자. 나랑 같이 살자'라고 한다면 어떻게 하겠는가? 드라마나 영화에서 이런 일이 있을 때 자기 혼자 그 문제를 해결하려고 하다가 그만 덫에 걸려서 불행으로 빠지는 경우를 종종 본다.

연합 교리를 설명하면서 결혼에 비추어 설명하는 이유를 알겠는가? 옛 애인 죄와 사망의 권세가 나를 자꾸 충동질한다.

'너, 힘 있잖아? 그 사람 정도는 네가 밟아 죽일 힘이 있잖아. 매장해버려.'

옛 애인이 자꾸 나에게 손짓할 때 어떻게 하면 되는가? 내가 혼자 찾아가서 그 문제를 해결하는 게 아니라 신랑을 옛 애인에게 보여주면 된다. 그러면 다시는 접근하지 못한다.

나는 우리가 우리의 도덕심으로, 우리의 윤리의식으로, 우리가 가진 그 무엇으로 옛 주인인 죄를 상대하느라 버둥거리는 어리석은 행동은 하지 말기를 바란다. 그리스도와 연합하여 새 주인 되시는 예수님과 더불어서 옛 자아를 죽여 나가는 믿음의 신앙인들이 되기를 바란다.

세 번째로 본문에서 내 안의 죄 죽이기를 위한 대안을 하나 더 꼽을 수 있는데, 그것은 '더 높은 기대치'를 갖는 것이다. 이것을 다른 말로 하면, 나를 향하신 하나님의 기대치가 얼마나 큰지를 인식하는 것이다.

그러므로 우리가 그의 죽으심과 합하여 세례를 받음으로 그와 함께 장사되었나니 이는 아버지의 영광으로 말미암아 그리스도를 죽은 자 가운데서 살리심과 같이 우리로 또한 새 생명 가운데서 행하게 하려 함이라 롬 6:4

우리를 구원하신 하나님이 우리를 향해 가진 목표는 우리가 그저 더 이상 죄짓지 않게 되는 정도가 아니다. 하나님은 우리를 향하여 원대한 꿈을 갖고 계신다.

하나님이 그들에게 복을 주시며 하나님이 그들에게 이르시되 생육하고 번성하여 땅에 충만하라, 땅을 정복하라, 바다의 물고기와 하늘의 새와 땅에 움직이는 모든 생물을 다스리라 하시니라 창 1:28

아담과 하와를 향한 하나님의 원대한 꿈이 느껴지지 않는가? 하나님은 아담과 하와를 향하여 '생육하라, 번성하라, 땅에 충만하라, 땅을 정복하라' 하시며 원대한 꿈을 갖고 계시는데, 아담과 하와의 시야는 어떤가?

여자가 그 나무를 본즉 먹음직도 하고 보암직도 하고 지혜롭게 할 만큼 탐스럽기도 한 나무인지라 창 3:6

하나님은 하나님의 창조 세계를 다 누리고 다스리고 땅을 정복하라고 말씀하시는데, 그들은 왜 하나님이 허용하신 수많은 놀라운 것들에는 눈길을 안 주고 나무 하나에 집중해서 '먹음직도 하고 보암직도 하고'라고 하고 있는가? 이 모습이 혹시 오늘 우리의 모습은 아닌가?

하나님이 나에게 너무나 아름다운 교회를 맡기시며 분에 맞지 않는 놀라운 은혜를 주셨는데, 이렇게 큰 은혜를 주실 때에는 원대한 꿈도 주시지 않았겠는가?

오래전의 일이다. 당시에 큰 교회 목회자들의 변질 소식이 많이 들려오다 보니 나도 긴장감이 생겼다. 그리고 목회자로서 은퇴할 때까지 성적으로 죄 짓지 않고 은퇴할 때까지 교회 돈 횡령하지 않아야겠다는 기도가 나왔다. 그래서 성도들에게 기도 부탁을 하기도 했다. 은퇴할 때까지 사고 치지 않게 기도해달라고. 그리고 누가 물으면 은퇴할 때까지 사고치지 않는 것이 나의 목회의 가장 큰 목표라는 이야기도 했다. 웃기기 위해서 가볍게 한 이야기지만, 어느 날 내 마음에서 이런 농담을 하는 내가 한심하게 느껴졌다. 이런 생각이 들어서이다.

'하나님이 나를 분당우리교회 담임목사로 부르실 때에는 그저 은퇴할 때까지 죄 안 짓는 것을 목표로, 사고 치지 않는 것을 목표로 삼는 소극적인 태도를 원하지 않으셨을 텐데, 나는 어찌 이런 농담을 하고 있는 것인가?'

하나님께서 나에게 교회를 맡겨주실 때는 나를 통해 행하실 놀라운 일들에 대한 기대감이 있으셨을 텐데 나는 그 일을 잘 감당하고 있는가? 그래서 더 이상 그런 농담을 하지 않는다. 나의 남은 임기 동안에 부끄러운 죄 짓지 않는 것을 목표로 삼는 것이 아니라, 원대하신 하나님의 꿈을 품고 달려가는 것을 목표로 할 것이다.

죄 안 지으려고 애쓰는 것도 중요하지만, 그것을 훌쩍 뛰어넘어서 하나님이 주신 사명으로 가슴 벅찬 우리 모두가 되기를 간절히 바란다.

잠시 죄악의 낙을 누리는 것보다

이런 면에서 나는 히브리서 11장 24-26절의 말씀이 중요하다고 생각한다.

믿음으로 모세는 장성하여 바로의 공주의 아들이라 칭함 받기를 거절하고 도리어 하나님의 백성과 함께 고난 받기를 잠시 죄악의 낙을 누리는 것보다 더 좋아하고 그리스도를 위하여 받는 수모를 애굽의 모든 보화보다 더 큰 재물로 여겼으니 이는 상 주심을 바라봄이라

히 11:24-26

나는 여기 나오는 "잠시 죄악의 낙을 누리는 것보다 더 좋아하고"라는 표현을 묵상할 때 상반된 두 인물이 떠올랐다.

한 명은 우리나라 프로야구 선수 출신인데, 미국으로 진출하여 미국 프로야구 메이저리그에서 맹활약했던 선수이다. 메이저리그로 진출한 이후에 월등한 실력으로 인생 최고의 전성기를 누리던 그가 갑자기 성범죄와 음주운전 등 여러 논란에 휘말리며 은퇴 수순을 밟게 되었다.

그 사건을 보도한 기사에 달린 댓글 중에 잊히지 않는 글귀가 있었다. '20분 즐기자고 자기 인생의 수많은 영광과 부와 명성을 발로 차버렸다'라는 요지의 댓글이었다. 정말 와 닿는 표현 아닌가? 이런 게 바로 '잠시' 죄악의 낙을 누리는 상태 아닌가? 어마어마한 부와 명성을 쌓은 사람이 잠깐의 즐거움을 위해 해서는 안 될 죄를 저질렀다면, 그건 너무 어리석은 짓이다.

그런가 하면 이 구절을 묵상하면서 반대편에 서 있는 또 다른 한 인물이 떠올랐다. 우리 교회의 박재봉 집사님이라는 분이다. 이분은 교회를 충성스럽게 섬기시다가 몇 년 전에 갑자기 심장마비로

돌아가셨다. 있을 때는 잘 모르다가 사라지고 나면 그 빈자리가 크게 느껴지는 사람이 있는데, 이분이 바로 그런 분이다.

요즘도 가끔 그 분이 생각난다. 이분은 생전에 동남아나 중동 지역에 소형 의료기기를 수출하는 일을 했었다. 중소기업을 운영하던 사장님이 갑자기 돌아가시면 보통 사업도 다 정리해야 한다. 그래서 한순간에 무너지는 경우가 많은데, 놀라운 일이 벌어졌다. 박재봉 집사님이 갑자기 심장마비로 돌아가셨다는 부고를 전하자 해외 바이어들이 당사자는 없지만 그래도 회사와 계속 거래하고 싶다고 전해왔다는 것이다.

심지어 이집트의 한 고객은 부고를 전하는 그 분의 아들에게 이런 글을 보냈다고 한다.

"너의 아버지와 나는 단순한 사업 파트너가 아니라 한 가족이었다. 그러니 너는 내 아들과 같다. 부탁할 게 있으면 뭐든지 내게 부탁해라."

어떻게 이런 일이 가능할까? 그 이유를 짐작해볼 만한 일화를 들은 적이 있다. 박 집사님이 생전에 사업하던 사무실에 특이한 물건이 하나 있었는데, 회의하는 테이블 의자 밑에 방석이 하나 놓여 있었다고 한다.

그 방석이 뭔지 짐작이 가는가? 들어가고 나가며 무릎 꿇고 하나님께 기도하던 자리였다. 사업의 주인이 누구신지를 고백하면서 사업에 대하여 하나님께 의뢰하고 하나님께 묻던 눈물의 흔적이 담긴 방석이다.

심장마비로 갑자기 아버지를 잃은 가족이 장례를 치르고 나서 나에게 인사하러 왔는데, 마음이 참 아팠다. 그래서 내가 집사님의 딸을 격려하느라 이렇게 위로의 말을 전했다.

"얼마나 마음이 힘드니?"

나의 위로의 말에 그 딸이 눈물이 그렁그렁한 채로 해준 말을 나는 잊지 못한다.

"아빠가 너무 빨리 돌아가신 것이 섭섭하기는 하지만 여한은 없습니다. 짧은 20여 년 아버지는 제 평생에 받아야 할 사랑을 이미 다 주고 가셨습니다."

언젠가 우리가 이 땅의 삶을 마무리짓고 주님 앞에 갈 때 우리 자녀들이 그렇게 말할 수 있는 삶을 살 수 있다면 얼마나 좋을까. 의와 생명의 예수 그리스도를 주인으로 모시는 사람의 삶의 흔적은 이렇게 아름다우리라고 나는 믿는다.

교회가 타락했고 성도들은 변질되었다고 비난하는 목소리가 많지만, 그러나 나는 안다. 아직도 악한 세상을 좇아 살아가지 않고 말씀대로 살려고, 내 안의 죄 죽이기를 위해 애쓰는 분들이 너무나 많이 존재해 있다는 사실을 나는 잘 안다. 그리고 그 사실에 대해 감사한다.

나는 그 분들을 마음껏 격려해주고 싶다. 때로는 지치고 때로는 회의가 오고 때로는 '왜 나만 이래야 하나' 낙심되지만, 그때마다 성령께서 그래야 할 이유를 알려주시기를 기도한다. 그래서 '잠시 죄악의 낙을 누리는 것보다' 장차 주님이 주실 아름다운 칭찬과 상급을 기대하며 이기기를 응원하며 축복한다.

"이와 같이 너희도 너희 자신을 죄에 대하여는 죽은 죽은 자요 그리스도 예수 안에서 하나님께 대하여는 살아 있는 자로 여길지어다"라는 말씀을 다시 한번 새기며 결코 내 안의 죄 죽이기를 포기하지 않았으면 좋겠다.

ROMANS

12 그러므로 너희는 죄가 너희 죽을 몸을 지배하지 못하게 하여 몸의 사욕에 순종하지 말고 13 또한 너희 지체를 불의의 무기로 죄에게 내주지 말고 오직 너희 자신을 죽은 자 가운데서 다시 살아난 자 같이 하나님께 드리며 너희 지체를 의의 무기로 하나님께 드리라 14 죄가 너희를 주장하지 못하리니 이는 너희가 법 아래에 있지 아니하고 은혜 아래에 있음이라

로마서 6:12-14

chapter 10

피 흘리기까지 싸워야 할 죄

교회 안으로 밀려오는 세속화

한국 교회 성도들의 숫자가 줄어들고 있다는 염려의 목소리가 크지만, 사실은 이것보다 훨씬 심각한 문제가 있다. 세속화의 물결이 한국 교회 안으로 밀려오고 있다는 우려의 목소리가 그것이다.

2012년도에 어느 선교단체에서 '한국 대학생의 의식과 생활에 대한 조사'를 실시했다. 설문 조사를 통해 예수 믿는 젊은이들과 예수 안 믿는 젊은이들의 의식이 어떻게 다른가를 분석해보고 내린 결론이 무엇인지 아는가? 믿는 사람과 믿지 않는 사람을 비교해보니 일상생활을 비롯해 거의 모든 항목에서 차이점을 찾아볼 수가 없었다고 한다.

그 설문 조사에 참여한 개신교인 가운데 무려 70.1퍼센트가 중학교 이전부터 교회 다니던 사람이었다. 그렇게 어릴 때부터 교회에

다니고, 말씀을 듣고, 성경을 읽었는데도 불구하고 믿지 않는 사람들과 의식이나 생활 방식에 있어서 차이가 전혀 없었다. 이것이 무엇을 의미하는가?

물론 차이가 있는 항목도 몇 가지 있었다. 대표적으로 술, 담배 안 하는 것이었다. 예수 믿는 사람이 믿지 않는 사람과 그저 술 안 마시는 것, 담배 안 피우는 것 정도밖에는 구별이 되지 않는다는 게 무엇을 의미하는가? 오늘날 교회 안에 세상의 가치관이 물밀듯 밀려들어 와서 이제 세상이나 교회나 추구하는 삶의 방향이 비슷하게 되었다는 이야기 아닌가?

이런 세속화의 문제가 대학생들, 청년들만의 문제겠는가? 무슨 사건 사고만 터지면 믿음 좋다고 알려진 크리스천이 그 사건에 깊숙이 개입되어 있더라는 가슴 아픈 이야기가 일상화된 지 오래 아닌가? 교회 안으로 밀려오는 세속화의 물결이 더는 방치하기 어려운 수준에까지 이르렀다는 것이다. 이것이 교인의 숫자가 줄어드는 것보다 훨씬 심각한 문제다.

교회에 세속화가 퍼진 이유

그러면 이런 질문이 가능하다. 어떻게 하다가 교회 안에 세속화의 물결이 밀려들게 되었는가? 어떻게 하다가 예수 믿는 사람들이 세속화로 말미암아 세상 사람들과 조금도 구별되지 않게 되었을까? 여러 각도로 설명할 수 있겠지만 나는 본문 12절에서 아주 중요한 답 하나를 찾을 수 있다고 생각한다. 12절 말씀은 이렇게 시작한다.

> 그러므로 너희는 죄가 너희 죽을 몸을 지배하지 못하게 하여 몸의 사욕에 순종하지 말고 롬 6:12

이 말씀은 '그러므로 너희는'이라고 시작하는데, 이것이 본문에서 굉장히 중요한 포인트를 제공한다. 여기의 '그러므로'는 바로 앞에 나오는 로마서 6장 1절부터 11절까지 말씀을 연결하는 접속사이다. 로마서 6장 1절부터 11절까지의 말씀은 이렇게 요약할 수 있다.

'십자가로 구원받은 우리 그리스도인들은 이제 죄와의 관계에서 새로운 국면을 맞이하게 되었다. 이제 예수 믿는 우리 그리스도인들은 죄에 대해 죽은 자가 되었다.'

이처럼 우리 옛사람은 그리스도와 함께 십자가에 못 박힌 사람이기 때문에 죄에 대해서는 죽은 자요, 하나님께 대해서는 살아 있는 자라는 사실을 강조한 다음에 '그러므로 너희는'이라고 하면서 뭐라고 말하는가?

'이 사실을 깨달았으면 이제 죄에 대해 죽은 자답게, 하나님에 대하여 살아난 자답게 살기 위해 몸부림치라'라는 것이다. 아는 것으로 끝내지 말라는 뜻이다. 들은 대로, 깨달은 대로, 선포한 대로 살아내기 위해 애쓰라는 것이다.

나는 이 말씀을 보면서 한국 교회가 어떻게 하다가 이렇게 심각한 세속화의 물결에 노출되었는지 생각해보았다. 그것은 우리의 신앙이 11절까지만 있기 때문 아닌가? '그러므로 너희는'으로 시작되는 12절의 놀라운 생명의 말씀이 우리 삶 속에 선포되지 못하고, 깨달아진 그 말씀을 결단하고 실천하는 것으로 연결하는 일에 실패한 것이 오늘날 한국 교회가 세속화의 물결에 노출된 원인이 되지 않았을까?

말씀을 듣기만 하고 행동하지 않는 태도, 말씀을 깨닫기만 하고 결단하지 않는 태도, 이것이 오늘날의 수치스러운 결과를 가져온 것 아닌가?

나는 이 말씀을 묵상하면서 '내가 실제로 행하는 것에 비해서 말만 너무 잘하는 건 아닐까?'라는 자괴감으로 여러 번 아픔을 느껴야 했다. 강단에서 선포되는 이론을 보면 손색없이 잘 선포하는 것 같은데, 과연 나는 강단에서 선포한 말씀을 살아내려고 얼마나 애쓰고 있는가? '그러므로 너희는'으로 시작되는 12절부터의 말씀을 살아내려고 얼마나 노력하고 있는가?

온전한 신앙인의 태도

예전에 〈개그콘서트〉라는 프로그램의 한 코너에서 나왔던 유행어 하나를 기억하고 있다.

"개그는 개그일 뿐 따라하지 맙시다."

나는 그 말이 오랫동안 잊히지 않았다. 그리고 그 유행어가 자꾸 이렇게 들려졌다.

"설교는 설교일 뿐 따라하지 맙시다."

혹시라도 성도들 마음에서 '교회에서 선포하는 설교는 이론일 뿐이고, 엿새 동안의 힘든 세상살이에는 세상의 방식이 있겠다'는 식으로 설교를 인식하게 될까봐 염려가 많다.

심지어는 설교자인 나 자신조차도 '설교는 설교일 뿐 따라하지 맙시다'라는 구호가 무의식 속에 자리 잡고 있는 것은 아닌지 두렵다. 이것이 왜 나를 두렵게 하는가?

성경은 듣기만 하고 행동하지 않는 태도, 깨닫기만 하고 결단하지 않는 태도를 온전한 신앙인이라 말하지 않는다. 성경이 강조하는 내용을 보라.

내가 너희에게 분부한 모든 것을 가르쳐 지키게 하라 볼지어다 내가 세상 끝날까지 너희와 항상 함께 있으리라 하시니라 마 28:20

부활하신 주님이 제자들을 만나서 당부하신 말씀이다.

'나는 이제 세상을 떠나지만 너희들과 항상 함께 있겠다. 너희들은 이 사명을 감당할 때 그 사실을 인지하게 될 것이다.'

우리에게 주신 사명이 무엇인가? 분부한 모든 것을 가르치는 것으로 끝내지 않으신다. "가르쳐 지키게 하라"라고 당부하셨다. 우리는 배운 말씀을 지켜야 한다. 가르쳐 지키게 해야 한다. 기억해야 할 것은 우리가 주님이 가르쳐주신 것을 삶 속에서 실천하려고 몸부림칠 때, 그때 우리 삶 속에서 우리와 함께하시는 주님의 임재를 더욱 크게 경험할 수 있다는 사실이다.

빌립보서 4장 9절 말씀도 그 사실을 뒷받침해준다.

너희는 내게 배우고 받고 듣고 본 바를 행하라 그리하면 평강의 하나님이 너희와 함께 계시리라 빌 4:9

모태신앙이고, 교회에서 중직자로 인정을 받고, 심지어는 목사가 되었음에도 여전히 자기 삶 속에서 함께하시는 하나님을 인식하지 못하고 살아가는 사람들이 있다면, 그것은 배우고 받고 듣고 본 바를 행하지 않았기 때문이다. 행함이 없는데 행함 가운데 거하시는 하나님의 내주하심을 어떻게 인식할 수 있겠는가.

하나님께 드려진 자의 드리는 삶

이런 논리는 본문 13절에서도 그대로 펼쳐진다.

또한 너희 지체를 불의의 무기로 죄에게 내주지 말고 오직 너희 자신을 죽은 자 가운데서 다시 살아난 자같이 하나님께 드리며 너희 지체를 의의 무기로 하나님께 드리라 롬 6:13

여기 보면 '드리며, 드리라'라고 하며 두 번에 걸쳐서 '드리라'는 말이 나온다. 시제를 보면, 앞에 나오는 '드리며'는 과거형이다. 그리고 뒤에 나오는 '드리라'는 현재형이다. 이것이 무엇을 의미할까?

앞에 나오는 '드리며'가 과거형이라는 건 '이제 내 삶은 하나님께 드려진 삶이 되었다. 과거에 십자가 지신 예수 그리스도로 말미암아 나는 변화되었다. 나는 이제 죄에 소속된 인생이 아니다. 나는 하나님께 소속된 자다. 내 인생은 하나님께 드려진 인생이 되었다'라는 의미다. 선언적인 '드리며'이다.

그런가 하면 뒤에 나오는 '드리라'는 현재 명령형이다. 앞에서 과거에 예수 그리스도의 십자가로 말미암아 내 인생은 이제 하나님께 드려진 삶이 되었다는 '드리며'를 선포한 사람이, 그것으로 끝내지 않고 순종함으로 말미암아 행함과 실천을 통해서 하나님께 드려진 사람답게 온전한 헌신을 드리는 하나님의 사람으로 살아가라는 말씀이 '드리라'의 의미다.

'드리며', 과거에 우리는 예수님의 십자가로 하나님께 드려진 인생이 되었다.

'드리라', 그렇게 드려진 인생답게 삶 속에서 순종의 열매를 하나님께 올려드려야 하겠다.

이 두 가지 균형을 가지고 사는 것이 성숙한 크리스천인 줄로 믿는다.

언젠가 고신대 박영돈 교수님이 쓰신 글을 우연히 보고 많은 생각에 빠진 적이 있다. 그 글을 인용해보았다.

"거룩함이 없어도 믿기만 하면 무조건 구원받는다는 생각은 성경 말씀에서 벗어날 뿐만 아니라 종교개혁의 가르침을 왜곡한 것입니다. 종교개혁자 칼빈이 가장 염려한 것이 바로 '오직 믿음'이라는 교리가 이런 식으로 오해되는 것이었습니다. 칼빈은 우리의 행위나 거룩함에 근거해서 구원받는다는 주장을 배격합니다. 그리고 오직 예수 그리스도의 의로움을 의지하는 믿음으로 의롭게 됨을 강조합니다. 그러나 이 믿음은 반드시 거룩함의 열매를 산출한다는 점을 동시에 역설합니다.

칼빈에 의하면 하나님이 어떤 사람을 의롭게 하면 동시에 그를 반드시 거룩하게 하십니다. 또한 믿음은 끊임없이 회개하는 삶으로 이어집니다. 끊임없이 회개함으로 거룩함을 이루어가지 않는 이들은 곧 부패해져 은혜에서 떨어질 수 있습니다.

그러므로 신자 안에는 구원의 확신과 함께 두려움과 떨림이 공존해야 합니다. 이 두려움은 구원의 확신을 약화시키는 것이 아니라 오히려 방종과 게으름과 헛된 자만을 막아줌으로 구원의 확신을 더 온전하고 견고하게 합니다. 이런 두려움이 없는 구원의 확신은 우리를 방종에 빠지게 하며 결국 멸망으로 인도합니다.

거룩한 두려움이 없이 확신으로만 충만한 사람, 거룩하게 살지 않는데도 자신이 구원받았다는 확신에 조금도 흔들림이 없는 이는 망한 사람입니다. 거룩하게 살지 않으면서 믿었기에 구원받았다고 굳게 확신하는 것은 마귀가 준 거짓 확신입니다.

지금 한국 교회에 마귀적으로 왜곡된 구원의 복음을 통해 마귀가 심어준 거짓 구원의 확신에 사로잡혀 있는 교인들이 많습니다. 이런 이들은 자신의 믿음을 돌아보며 자신의 구원의 여부를 염려하며 두렵고 떨림으로 구원을 확고히 하려는 경각심을 가져야 합니다. 내가 참된 믿음을 가졌는지, 내가 참으로 구원받았는지는 거룩함의 열매로 증거되어야 합니다."

우리의 행위로 구원받는다는 이야기가 아니다. 내가 주님의 십자가로 거룩한 하나님의 자녀가 되었다면, 거룩한 나무에서 거룩한 열매가 맺히는 것처럼 어떻게 예수 믿기 이전의 악한 열매를 계속 맺을 수 있느냐는 말이다.

나는 이 글을 읽으면서, 기독교 철학자 프란시스 쉐퍼가 미국의 크리스천들을 질타하며 했던 말이 떠올랐다.

"여러분의 삶의 목표가 행복이라면 불신자와 다른 것이 무엇입니까? 크리스천들의 삶의 목표는 행복 그 이상이어야 합니다. 여러분 가운데 거룩함을 삶의 목표로 삼은 사람 있습니까?"

나는 프란시스 쉐퍼의 지적이야말로 오늘 한국 교회 성도들과 목회자들이 마음에 새겨야 할 말이라고 생각한다. 미국 교회가 프란시스 쉐퍼의 경고를 귀담아 듣지 않은 결과를 우리는 알고 있다. 지금 기독교 국가라고 하는 미국이나 유럽에서 일어나고 있는 상상을 초월하는 성적인 타락과 방종을 우리는 목격하고 있다. 나를 만족시킬 수 있다면, 내 행복과 내 쾌락을 위해서라면 무엇이든 할 수 있다는 것, 바로 이것이 영적으로 타락의 길을 가고 있는 선배 기독교 나라들의 모습이다.

정신 차리지 않으면 한국 교회나 한국 사회도 미국과 유럽이 걸어갔던 그 타락과 방종의 길을 따라가지 않을 수 없음을 두려워해야 한다. 지금이라도 정신차려야 한다. 프란시스 쉐퍼가 지적한 대로 예수 믿는 우리의 삶의 목표가 행복 추구가 아니라 거룩을 향한 추구로 전환되어야 한다.

유람선에서 전투함으로

60년대, 70년대만 해도 우리 믿음의 조상들은 예수 믿고 행복해지는 꿈도 물론 가졌지만, 거룩함을 놓치지 않았다. 그래서 내가 어릴 때는 거짓말하면 맞았다. 무섭게 맞았다.

'네 행복도 중요하지만, 예수 믿는 사람으로 거룩함을 잃어서는 안 된다.'

이것이 그 시절의 엄한 가르침이었다. 그런데 요즘 우리 자녀들을 어떻게 가르치고 있는가? 무조건 자녀들의 기분에 맞춰주는 것이 오늘날 자녀 교육의 기반이 아닌가? 그래서 우리 아이들이 어떻게 자라고 있는가? 오늘 우리는 자녀 교육에 실패하고 있는 것은 아닌가?

가슴이 저리도록 하나님께 회개가 나오는 부끄러운 나의 고백이 뭔지 아는가? 기성 세대 목사의 한 사람으로, 오늘날 한국 교회를 유람선으로 만들어버린 것이다.

'교회만 가면 위로해준다. 교회만 가면 내 마음을 만져준다. 교회만 가면 축복해준다.'

바로 이런 가르침 때문에 '어떻게 살든지 상관없이 돈만 잘 벌면 된다'라는 세속적인 가치관이 크리스천들까지도 점령하게 되어버렸다. 그리고 바로 이런 세속화 때문에 교회가 유람선이 되고 만 것이다.

교회는 전투함이어야 한다. 긴장이 감도는 곳이어야 한다. 오늘도 우는 사자와 같이 우리를 삼키려고 공격하는 악한 적들과 대항하기 위해 긴장하며 전투를 벌이는 게 교회인데, 전투력을 상실한 교회가 되어버렸다.

이것이 12절의 '그러므로 너희는'이라는 말씀이 빠져버린 현실의 아픈 결과 아닌가? 어떻게 하면 다시 교회가 유람선에서 전투선으로 바뀔 수 있을까? 우리가 심각한 마음으로, 또 부끄러운 마음으로 고민해보아야 할 문제이다.

그래서 본문을 통해 죄와 관련해서 우리가 실천해야 할 두 가지 사항을 나눠보려고 한다.

죄와 피 흘리기까지 싸워야 한다

첫 번째로, 죄와 관련해서 실천해야 할 것은 '피 흘리기까지' 죄와 싸워야 한다는 것이다.

그냥 싸우는 게 아니다. 피 흘리기까지 싸워야 한다.

그러므로 너희는 죄가 너희 죽을 몸을 지배하지 못하게 하여 몸의 사욕에 순종하지 말고 또한 너희 지체를 불의의 무기로 죄에게 내주지 말고 오직 너희 자신을 죽은 자 가운데서 다시 살아난 자같이 하나님께 드리며 너희 지체를 의의 무기로 하나님께 드리라 롬 6:12,13

죄와 싸우라는 내용의 말씀을 하면서 세 번에 걸친 부정적인 명령어가 나온다.

'못하게 하여.'

'순종하지 말고.'

'내주지 말고.'

이렇게 삼중으로 명령하며 강조하는 게 무엇을 의미하는가? 그만큼 오늘 우리 눈앞에 죄의 유혹이 많다는 얘기 아닌가? 이중 삼중으로 정신 차리지 않으면 한번에 넘어갈 수 있는 게 죄의 문제임을 강조하고 있는 것 아닌가?

하나님의 경고로 받아 조심하라

눈을 들어 주변을 살펴보라. 성도들의 존경을 한몸에 받던 목사가 성적인 문제로 한순간에 넘어지는 일들이 잊을만 하면 터지는 게 현실이다. 그렇게 신뢰받던 목회자가 금전 문제에 연루되어 부끄러운 자리에 빠지는 일도 심심찮게 일어난다. 이런 현실을 어떻게 받아야 하는 것일까?

내가 젊은 후배 목사들한테 자주 충고해주는 이야기가 있다. 선배 목사들에게서 일어나는 존경스럽지 않은 모습을 비판만 하지 말고 본인에게 주시는 하나님의 경고로 받으라고 권면한다. 우리가 큐티를 왜 하는가? 말씀은 왜 읽는가? 아침에 큐티하려고 본문을 펼쳤는데, 다윗이 유부녀인 밧세바와 성적으로 죄짓는 장면이 나오면 어떻게 반응하는가?

다윗 정말 안 되겠네. 이런 놈은 죽어 마땅해.

오늘 큐티의 결론 - 다윗은 인간도 아니다.

이러려고 큐티를 하는가? 아니다. 다윗의 사례를 읽으면서 다윗의 삶을 평가하는 것이 아니라, 다윗의 삶을 매개로 해서 나 자신을 점검하고 돌아보려고 묵상하는 것이다. 우리들의 일상생활에서도 마찬가지이다.

잘못을 저질러 부끄러운 자리에 빠진 어떤 사람을 놓고 그 사람을 정죄하고 손가락질하는 것으로 끝내지 말고, 그 사건을 두려운 마음으로 나의 기도제목으로 승화시켜야 한다.

'하나님, 저에게도 저런 죄의 요소가 있을 텐데, 저런 죄의 자리에 빠져서 하나님의 영광을 가리지 않도록 저를 도와주소서. 저를 불쌍히 여겨주옵소서'라고 기도해야 한다.

마찬가지로 오늘날 많은 부분에서 연약하고 변질된 모습을 보이는 한국 교회를 보면서도 비난만 하기보다 우리 자신이 더 두렵고 떨리는 마음으로 기도해야 한다.

'하나님, 제가 저 자리에 빠져서 하나님의 영광을 가리지 않도록 은혜 내려주시기를 원합니다'라고 기도해야 한다. 그런데 우리에겐 이것이 빠져 있다.

피 흘리기까지 대항하라

이런 현실을 우리가 자각하고 본문에서 조심할 것을 삼중으로 강조하는 하나님의 마음을 받으면서, 우리가 꼭 기억해야 할 것이 있다.

너희가 죄와 싸우되 아직 피 흘리기까지는 대항하지 아니하고 히 12:4

당시 로마의 검투사들은 요즘 권투 시합하듯이 심판이 있어서 3분 시합하고 1분 쉬면서 경기를 진행했던 게 아니다. 그 당시 검투사들은 둘 중 하나가 죽을 때까지 싸웠다. 피 흘릴 때까지 싸우는 것이다. 지금 히브리서 기자가 우리에게 죄와 싸우되 어느 정도의 각오로 싸워야 하는지를 말해준다.

'죄의 유혹에 넘어지면 나는 망한다. 나는 죽는다. 내 영혼은 끝장이다.'

이런 절박한 마음을 가지고 피 흘리기까지 싸워야 한다는 것이다. 피 흘리기까지.

"너희가 죄와 싸우되 아직 피 흘리기까지는 대항하지 아니하고"라고 할 때, '대항하다'라는 단어는 죄악의 물결이 물밀듯 밀려올 때 믿는 우리가 마땅히 지켜야 할 자리를 지키기 위하여 피 흘리기까지 대항하며 싸우는 모습을 설명하는 차원에서 사용됐다.

오늘 이 시대를 사는 우리가 이러해야 하지 않을까? 교회 안으로 세속화가 물밀듯 밀려와 우리 가정과 자녀들을 넘어뜨리는 현실 앞에서 우리 자신과 가정을 지키기 위해 피 흘리기까지 저항하는 몸부림이 필요하다.

나는 이런 차원에서 '대항하다'라는 말씀을 묵상하다가 6·25전쟁 당시 낙동강 전투가 생각났다. 북한군의 기습적인 남침으로 얼떨결에 경상북도 낙동강까지 밀리지 않았는가. 낙동강에서 밀리면 이제 끝인 상황이다. 그러면 함락되는 것이다.

그러나 눈물 나게 고마운 우리 윗대 어른들이 낙동강 전투에서 방어선을 지키기 위해 얼마나 많은 목숨을 잃었는가? 피 흘리기까지 목숨을 걸고 방어선을 사수했기 때문에 오늘 우리가 이런 자유의 삶을 누리는 것 아닌가?

영적으로 오늘 우리 시대는 밀리고 밀려서 이제 낙동강까지 왔다. 우리가 무너지면 하나님나라가 어떻게 되겠는가?

'하나님 아버지, 제가 죄악의 물결이 물밀듯 밀려오는 이 현실 속에 마땅히 지켜야 할 자리를 지키기 위하여 피 흘리기까지 대항하며 죄와 싸우겠습니다.'

이 결단이 필요한 시대이다. 조금 해보고 '안 된다. 다른 사람도 다 죄짓는데 나라고 별수 있나?'라고 하면 안 된다. 피 흘리기까지 대항해야 한다.

나는 피 흘리기까지 싸워야 한다는 히브리서 12장의 말씀을 보면서, 성경에 나오는 두 인물이 교차되었다. 대조되는 두 인물인 바울과 삼손이다.

이 두 사람의 공통점은 둘 다 엄청난 사명을 부여받았다는 것이다. 그런데 차이점은 무엇인가? 바울은 그 사명을 잘 감당한 대표적인 인물이고 삼손은 그 사명을 잊어버린 부끄러운 인물의 상징이다. 어떻게 이렇게 극단적으로 갈리게 되었을까?

나는 이 두 인물의 분기점을 이루는 말씀이 디모데후서 4장 6,7절이라고 생각한다. 바울이 임종을 앞두고 자기 삶을 되돌아보면서 이렇게 고백한다.

전제와 같이 내가 벌써 부어지고 나의 떠날 시각이 가까웠도다 딤후 4:6

죽을 때가 되었다는 말이다. 그리고 자기 삶을 돌아보며 이렇게 고백한다.

나는 선한 싸움을 싸우고 나의 달려갈 길을 마치고 믿음을 지켰으니 딤후 4:7

피 흘리기까지 싸웠다는 것 아닌가? 피 흘리기까지 마땅히 지켜야 할 그 자리를 지키기 위해서 몸부림쳐왔다는 이야기 아닌가?

여기에 반해 삼손은 태어날 때부터 나실인이라는 특별한 사명과 목적을 가진 존재로 부름 받았지만, 불행하게도 그는 죄에 대해 민감함이 없어서 넘어져 버렸다.

보통 삼손이 '들릴라'라는 여자 때문에 망했다고 이야기하는데, 사실 들릴라 입장에서는 억울한 말이다. 삼손은 들릴라 때문에 망한 게 아니다. 삼손이 들릴라를 만나기 이전부터 삼손은 그를 망하게 할 요소들을 품고 있었다. 이미 죄에 허물어지고 죄에 대해 방어가 전혀 안 되던 사람이 삼손이었다. 성경을 보면, 들릴라를 만나기 전부터 삼손은 이방 여인한테 반해 정신 못 차리고 결혼하지 않았는가? 삼손이 망한 것은 들릴라 때문이 아니다.

만약에 들릴라가 삼손이 아닌 바울과 동시대에 살아서 바울을 유혹했다고 해보자. 과연 바울이 들릴라 때문에 무너졌을까? 아니다. 그러니 남 탓 하지 말자. 우리가 하나님 앞에서 바울처럼 피 흘리기까지 싸우면 아무리 세상이 세속화의 물결로 넘실거린다 해도 바울처럼 흔들리지 않는 그리스도인으로 살아갈 수 있을 줄로 믿는다.

우리가 삼손처럼 두 눈이 뽑히고 어디 가서 말하기도 부끄러운 비참하고 초라한 인생의 마지막을 보내는 것이 아니라, 피 흘리기까지 죄와 싸워 바울처럼 당당한 인생을 살아야 하지 않겠는가? 그러려면 빌립보서 2장 12절의 말씀을 기억해야 한다. 바울의 눈물의 고백이다.

> 그러므로 나의 사랑하는 자들아 너희가 나 있을 때뿐 아니라 더욱
> 지금 나 없을 때에도 항상 복종하여 두렵고 떨림으로 너희 구원을 이
> 루라 빌 2:12

예수를 얼마나 오래 믿었느냐가 문제가 아니다. 오래 믿으면 믿
을수록 두렵고 떨리는 마음으로, 하나님 앞에 벌거벗은 죄인으로
서는 것이 우리에게 필요하다. 주님 앞에만 서면 부들부들 떨리는
마음으로 '아버지, 저를 불쌍히 여겨주시기를 원합니다'라는 그 고
백이 우리에게 있어야 한다.

하나님이 주시는 은혜의 힘으로 싸워야 한다

둘째로, 죄와 관련해서 우리가 기억해야 할 것은 피 흘리기까지
죄와 싸워야 하지만, 그 싸움은 내 힘이 아닌 하나님이 주시는 '은
혜의 힘으로' 싸워야 한다는 것이다.

> 죄가 너희를 주장하지 못하리니 이는 너희가 법 아래에 있지 아니하
> 고 은혜 아래에 있음이라 롬 6:14

여기 나오는 "은혜 아래에 있음이라"가 무엇을 의미하는가? 변화된 우리는 주님의 다스림과 통치 아래에 있다는 이야기 아닌가? 변화된 우리는 더 이상 악한 죄의 영향력 아래에 있지 않고 날 사랑하시는 주님의 십자가의 영향력 아래 있다. 이제 우리는 주님 안에서 변화된 존재이기에 우리가 주님의 말씀대로 살려고 할 때, 주님이 그 삶을 살아낼 수 있는 힘을 주시는 분이란 확신을 가지고 살 수 있다. 이 확신을 가지고 사는 것이 은혜 아래에 있는 것이라고 말할 수 있다.

"그러므로 나의 사랑하는 자들아 너희가 나 있을 때뿐 아니라 더욱 지금 나 없을 때에도 항상 복종하여 두렵고 떨림으로 너희 구원을 이루라."

앞에서 우리가 빌립보서 2장 12절 말씀을 기억해야 한다고 했는데, 이것만 읽으면 안 된다. 뒤에 나오는 13절을 같이 읽어야 한다.

> 너희 안에서 행하시는 이는 하나님이시니 자기의 기쁘신 뜻을 위하여 너희에게 소원을 두고 행하게 하시나니 빌 2:13

겉으로 보기에는 내가 애쓰고 내가 싸우는 것 같지만 실상은 그렇게 애쓰는 우리 속에 내주하시는 하나님께서 "너희 안에서 행하시는 이는 하나님이시니"라는 확신을 주시는 줄로 믿는다.

골로새서 1장 29절의 말씀도 똑같은 논리이다.

이를 위하여 나도 내 속에서 능력으로 역사하시는 이의 역사를 따라 힘을 다하여 수고하노라 골 1:29

겉으로 보기엔 내가 힘을 다하여 수고하는 것 같지만, 실상은 내 속에서 능력으로 역사하시는 성령님의 역사이다. 이것을 맛보며 사는 삶은 얼마나 기쁘고 얼마나 황홀하겠는가? 하루하루의 삶이 황홀한 감격의 삶이 될 줄 믿는다.

우리는 법이 아니라 은혜 아래 있는 존재다

그런데 14절에서 우리가 은혜 아래 있음을 강조하기 위해 무엇과 대조하는지 보라.

죄가 너희를 주장하지 못하리니 이는 너희가 법 아래에 있지 아니하고 은혜 아래에 있음이라 롬 6:14

은혜 아래에 있음을 피력하면서 왜 '법 아래에 있지 않다'는 걸 강조할까? 앞에서도 언급했듯이, 율법은 내가 죽을 수밖에 없는 죄인임을 자각하게 하는 기능은 있지만 치료하는 기능은 없다.

율법을 건강검진에 비유하여 설명한 바 있다. 나이 오십이 넘어가면 정밀한 건강검진을 받는 게 좋다. 나도 1년에 한 번씩 건강검진을 꼭 받는다. 정밀하게 검진해서 건강 상태를 진단한다.

검진 결과, 콜레스테롤 수치가 높아졌다면 조심해야 한다. 복부 비만이라면 먹는 것을 줄여야 한다. 그리고 하루에 한 시간씩 운동해야 한다.

그렇게 건강검진은 내 약함을 정확하게 확인시켜주는 기능은 있다. 하지만 치유의 기능은 없다. 건강검진을 통해서 아픈 곳이 있음을 알게 되었다면 빨리 병원으로 가서 조치를 취해야 한다. 건강검진 결과만 알고 아무것도 안 하면 소용이 없다.

이에 반해 은혜는, 내 연약함을 자각하게도 하지만 근원적으로 우리의 연약한 죄악의 문제를 해결하는 능력이 된다. 그래서 존 오웬이 이런 말을 했다.

"은혜는 우리의 책임을 폐기하는 것이 아니라 그것을 실행할 수 있는 힘을 주고, 우리의 의무를 면제시켜주는 것이 아니라 그것들을 수행할 수 있는 힘을 준다."

그것을 수행할 수 있는 힘을 주는 은혜, 그 은혜가 우리 인생을 지배하는 믿음의 사람들이 되길 바란다.

"너희가 죄와 싸우되 아직 피 흘리기까지는 대항하지 아니하고"라는 히브리서 12장 4절의 말씀도 이 말씀만 보면 안 되고, 그 앞에 나오는 3절과 함께 읽어야 한다.

너희가 피곤하여 낙심하지 않기 위하여 죄인들이 이같이 자기에게 거

역한 일을 참으신 이를 생각하라 _{히 12:3}

우리는 분명 죄와 피 흘리기까지 싸워야 한다. 그러나 내 혈기로 싸우는 건 백전백패다. 우리가 피 흘리기까지 죄와 싸워 이길 수 있는 힘과 능력은 주님으로부터 나온다는 사실을 기억하자. 날 위하여 십자가를 지신 예수 그리스도의 사랑과 더불어 죽음의 권세를 이기신 그분의 능력을 의지해야 한다.

그 은혜의 능력 아래 있을 때 우리는 죄와 싸워 이길 수 있다. 십자가의 고난을 감내하시고 원수들의 조롱을 참으신 예수 그리스도를 생각하는 힘으로 오늘도 죄와 피 흘리기까지 싸워 이기는 우리 모두가 되길 간절히 바란다.

ROMANS

15 그런즉 어찌하리요 우리가 법 아래에 있지 아니하고 은혜 아래에 있으니 죄를 지으리요 그럴 수 없느니라 16 너희 자신을 종으로 내주어 누구에게 순종하든지 그 순종함을 받는 자의 종이 되는 줄을 너희가 알지 못하느냐 혹은 죄의 종으로 사망에 이르고 혹은 순종의 종으로 의에 이르느니라 17 하나님께 감사하리로다 너희가 본래 죄의 종이더니 너희에게 전하여 준 바 교훈의 본을 마음으로 순종하여 18 죄로부터 해방되어 의에게 종이 되었느니라 19 너희 육신이 연약하므로 내가 사람의 예대로 말하노니 전에 너희가 너희 지체를 부정과 불법에 내주어 불법에 이른 것같이 이제는 너희 지체를 의에게 종으로 내주어 거룩함에 이르라 20 너희가 죄의 종이 되었을 때에는 의에 대하여 자유로웠느니라 21 너희가 그때에 무슨 열매를 얻었느냐 이제는 너희가 그 일을 부끄러워하나니 이는 그 마지막이 사망임이라 22 그러나 이제는 너희가 죄로부터 해방되고 하나님께 종이 되어 거룩함에 이르는 열매를 맺었으니 그 마지막은 영생이라 23 죄의 삯은 사망이요 하나님의 은사는 그리스도 예수 우리 주 안에 있는 영생이니라

로마서 6:15-23

chapter 11

죄와 싸워 이기라

부끄러움을 일깨워준 빨간 봉투

어느 날, 어떤 청년에게서 편지 한 통이 등기로 배달되었다. 봉투를 열어 보니 정성껏 손으로 쓴 편지가 들어 있었다. 앞부분만 공개하면 이런 내용이다.

"저는 서울에서 교회를 다니고 있는 이십 대 청년입니다. 교회에서 재정과 관련된 문제로 집사님과 목사님이 구설수에 올랐고, 저는 사람을 바라보지 않는 신앙인이 되기 위해 기도했습니다. 그래서 지금은 회복되었지만 그 당시 교회가 물질적인 부분으로 문제가 있었기에 십일조는 하나님께 드리는 것이지만 도저히 마음이 안 따라주어 일단 모아두었습니다."

이렇게 시작하는 편지와 함께 봉투 안에 빨간 봉투가 또 들어 있었는데, 그 봉투에는 '십일조 봉투'라고 쓰여 있었다. 그리고 적게는 만원부터 많게는 40만 원까지 상반기 십일조 내역이 적혀 있었다. 그리고 오만 원짜리와 만 원짜리가 섞여 적지 않은 금액이 들어 있었다. 모두 167만 원이었다. 상반기 수입에서 십일조를 뗀 것이다.

그 빨간 봉투를 보는데 내 가슴이 먹먹해졌다. 기성세대로서 참 부끄러웠다. 이 청년은 어떻게 해서든지 잘 믿어 보겠다고 이렇게 애를 쓰는데, 모은 헌금을 믿고 맡길 데가 없어서 계속 보관하고 있었다는 게 얼마나 부끄럽고 민망한지. 나는 봉투 안에 담긴 헌금은 사무실에 전달해주고, 오전 내내 책상 위에 그 빨간 봉투를 올려놓고 쳐다보는데, 눈물이 났다.

우리 같은 기성세대들이, 목회자들이 이 젊은이들한테 범하는 죄가 무엇일까? 그런 생각을 하면서 마음이 먹먹하게 오전을 보냈다. 그러다가 한 가지 결심을 했다.

'이 봉투를 보관해야겠다. 내 이 봉투를 책상 서랍에 넣어 놓고 가끔 꺼내 보면서 이렇게 애쓴 젊은 청년들에게 부끄러운 목사가 되지는 말아야겠다.'

죄에 대한 자기 선포가 필요하다

죄의 유혹이 많은 세상에서 살다 보면 때로는 이런 다짐과 결의가 필요하다. 로마서 6장에서도 이런 결의가 두 번이나 나온다.

그런즉 어찌하리요 우리가 법 아래에 있지 아니하고 은혜 아래에 있으니 죄를 지으리요 그럴 수 없느니라 롬 6:15

죄에 대한 자기 선포 아닌가? 이미 그 앞 절인 1,2절에서 선포한 내용인데 다시금 반복한 것이다.

그런즉 우리가 무슨 말을 하리요 은혜를 더하게 하려고 죄에 거하겠느냐 그럴 수 없느니라 죄에 대하여 죽은 우리가 어찌 그 가운데 더 살리요 롬 6:1,2

청년이 보내준 십일조 봉투를 보관하는 것이 '부끄러운 목사가 되지 말아야겠다'라고 결단하게 하는, 일종의 나를 향한 경고요 자기 선언이라면, 바울이 우리에게 보여주는 신앙의 모범은 무엇인가? 죄의 유혹이 많은 세상에 살면서 하나님의 은혜 아래에 있는 우리는 더 이상 죄에 대하여 끌려 다니지 않겠다는 선언, 결코 그럴 수 없다는 자기 선포가 필요하다는 것이다.

그래서 바로 앞 장에서는 피 흘리기까지 죄와 싸워야 한다는 주제를 다뤘다면, 이제 여기서는 한 걸음 더 나아가서 그렇게 피 흘리기까지 죄와 맞서 싸우면서 승리하는 그리스도인의 삶을 어떻게 살아내야 하는지에 대해 본문을 중심으로 살펴보려고 한다.

첫 번째로, 죄와 싸워 이기기 위해서 '변화된 자'로서의 자기 인식
이 필요하다.

하나님께 감사하리로다 너희가 본래 죄의 종이더니 너희에게 전하여
준 바 교훈의 본을 마음으로 순종하여 죄로부터 해방되어 의에게 종
이 되었느니라 롬 6:17,18

이는 앞에서 로마서 6장 6,7절을 다루면서도 한 번 살펴본 적이
있는 내용이다.

우리가 알거니와 우리의 옛 사람이 예수와 함께 십자가에 못 박힌 것
은 죄의 몸이 죽어 다시는 우리가 죄에게 종 노릇 하지 아니하려 함이
니 이는 죽은 자가 죄에서 벗어나 의롭다 하심을 얻었음이라 롬 6:6,7

죄를 이기기 위해서 변화된 자로서의 자기 인식이 필요하다. 그
래서 바울도 이것을 재차 강조하고 있다. 바울은 어떤 자기 인식을
갖고 있었나?

'본래 나는 죄의 종이었는데 하나님 은혜로 이제 죄로부터 해방되
어 의에게 종이 되었다. 나는 의의 종이 된 사람이다.'

바울의 이런 변화된 자기 인식이 바울의 삶에 얼마나 큰 영향을

미쳤는지는 앞 절을 보면 알 수 있다.

> 그런즉 어찌하리요 우리가 법 아래에 있지 아니하고 은혜 아래에 있
> 으니 죄를 지으리요 그럴 수 없느니라 롬 6:15

바울이 죄에 대해 결코 "그럴 수 없느니라"라며 단호하게 거부할
수 있는 힘, 이것이 바로 변화된 자기 존재에 대한 인식에서 나오는
힘이었다.

뿐만 아니라 19절 하반절에서는 "이제는 너희 지체를 의에게 종
으로 내주어 거룩함에 이르라"라고 했다. 거룩은 결단해서 되는 게
아니다. 거룩은 내가 거룩한 하나님의 자녀가 되었음을 인식하는
자기의식에서 나오는 열매다.

그래서 나는 가끔 요한일서 3장 1절 말씀을 되뇌곤 하는데, 여기
도 선포가 나온다.

> 보라 아버지께서 어떠한 사랑을 우리에게 베푸사 하나님의 자녀라
> 일컬음을 받게 하셨는가, 우리가 그러하도다 요일 3:1

이것이 우리의 정체성이다. 온통 세속적인 가치관에 물들어서 껍
데기만 볼 수밖에 없는 세상 사람들은 나를 어떻게 보는지 몰라도,
영안을 열고 볼 때 나는 십자가로 구원받은 하나님의 백성이다. 나

는 시시한 사람이 아니다. 이어지는 다음 말씀이 기가 막힌다.

그러므로 세상이 우리를 알지 못함은 그를 알지 못함이라 요일 3:1

적어도 우리한테 이런 스스로에 대한 확고한 신분 의식, 건강한 자기 정체성이 있으면 일시적으로 실패한 것, 일시적으로 겪는 어려움 같은 일들로 자기를 비참한 자리로 몰고 가지 않는다.

앞에서 언급한 삼손만 해도 그렇지 않은가. 만약에 삼손이 바울이 가졌던 신분 의식을 가지고 있었더라면, 만약에 삼손에게 '나는 나실인이다. 하나님께서 특별한 사명을 주시기 위해 이 땅에 보내주신 나는 사명을 가진 존재다'라는 정체성이 있었다면 들릴라가 유혹할 때 그렇게 힘없이 넘어지지는 않았을 것이다. 그리고 일시적으로 잠깐 흔들렸다 할지라도 자기 두 눈이 뽑힐 지경으로 몰락할 때까지 비참하게 끌려다니지는 않았을 것이다. 그러므로 우리는 하나님의 사람이라는 자기 정체성을 확고히 해야 한다.

내가 부교역자들에게 요구하기도 하고, 나 스스로에게도 마음으로 되뇌는 영어 단어가 있다. 바로 'dignity'라는 단어인데 나는 이 단어를 굉장히 소중히 여긴다. 이 단어는 '품위, 자존감'이란 뜻이다. 내가 왜 이 단어를 소중히 여기는가 하면, 이것이 나의 정체성이기 때문이다. 나는 하나님의 말씀을 전하는 거룩한 직분을 부여받은 사람이다. 그렇기 때문에 밥은 굶을지언정 말씀 전하는 자로서

품위와 자존감은 놓치면 안 된다고 생각한다. 그래서 'dignity'라는 단어를 마음에 품고 자주 되새기는 것이다.

그리스도인을 향한 높은 기대감

내가 잘 아는 권사님 한 분이 젊은 시절 목사님에게 실망했던 적이 있다고 한다. 80년대에는 차가 있는 집이 그리 많지 않았고, 차가 있어도 한 대씩밖에 없었기 때문에 여성들은 거의 운전을 하지 않던 시대였다. 그런데 이 권사님은 그 시절 자가용을 몰고 다녔다. 그러다 보니 교회에 강사님이 오시면 이분이 담임목사님과 강사님을 모시고 식사 대접을 하곤 했다.

어느 날이었다. 그날도 교회에서 부흥회가 있었는데 이 권사님이 강사님의 식사 대접을 하기로 하고 담임목사님과 강사 목사님을 모시고 식당으로 갔다. 그런데 그때 차 안에서 두 분 목사님이 나누는 대화를 들으며 엄청나게 실망했다는 것이다. 어떻게 목사님들의 대화가 그러냐면서.

무슨 대화를 나누셨나 자세히 들어보니 실망할 정도로 저질스러운 대화는 아니었다. 보편적으로 목사님들이 만나면 나누는 그런 내용이었다. 그렇게 실망스러운 이야기가 아닌데 왜 이분은 목사님들의 대화를 들으며 실망했을까? 생각해보니 기대감의 문제가 아니었을까 싶다. 두 분 목사님의 대화가 유난히 저질스러워서가 아니라 이 권사님의 기대가 너무 컸던 것이다.

권사님의 생각에는 목사님들은 자기들이 하지 않는 높은 차원의 대화가 이루어질 줄 알았는데, 자기들과 똑같이 먹고 자는 문제에 관한 이야기만 나누니 실망이 되더라는 것이다.

내가 우리 교회 부목사님들에게도 항상 하는 이야기가 이것이다.

'성도들은 목회자인 우리들의 영적인 수준이 더 높아지기를 기대한다. 성도들은 우리를 고급장교로 생각하는데, 우리는 스스로를 이등병처럼 생각하는 것은 아닌지 점검해봐야 한다.'

성도들이 목회자에게 바라는 것을 말하라면 딱 이렇게 요약할 수 있다.

"우리는 이렇게밖에 살지 못해도 목사님만은 안 그랬으면 좋겠다. 목사님은 우리와는 다른 존재이면 좋겠다."

목회자들을 향한 성도들의 이런 높은 수준을 기대하는 기대감, 목회자들을 향한 성도들의 이런 기대감을 알기에, 그 높은 기대감을 충족시키기 위해 애쓰는 것이 우리 목회자들이다.

나는 이것을 세상을 사는 성도들도 똑같이 적용해야 한다고 생각한다. 세상 사람들이 예수 믿는 그리스도인들에게 실망하는 것도 같은 맥락이다.

현실적으로 그리스도인들이 욕을 많이 먹고 있는데, 그렇다고 그리스도인들 중에 유난히 저급한 인간들만 모인 게 아니지 않은가? 아무리 생각해봐도, 그래도 말씀으로 변화 받은 그리스도인들이 일반 세상 사람들보다 도덕적으로 평균 이상이다. 물론 아닌 사람도 있긴 하겠지만, 표본 조사해보면 예수 믿는 사람들이 세상 사람들보다 더 손가락질 받을 만큼 부도덕하지는 않을 것이다. 그런데 왜 이렇게까지 욕을 먹는가? 이것이 기대치의 문제이기 때문이다.

세상 사람들은 예수 믿는 우리는 좀 다른 삶을 살기를 기대하고 또 그것을 요구한다. 그 기대가 채워지지 않을 때 더 크게 실망한다. 이것이 현실이다. 그렇기 때문에 우리는 죄와 싸우기 위해서, 그리고 세상 사람들과는 좀 더 다르게 살기 위한 몸부림이 필요하다. 그리고 그 과정에서 회복해야 하는 가장 중요한 의식이 바로 자기 정체성과 신분 의식이다.

신분 의식이 내 삶에 끼치는 영향

성도들이 목회자인 나에 대해 이런 큰 기대감을 가지고 바라보는 것이 한편으로는 부담이 되는 것도 사실이지만, 그러나 나는 이것이 가진 순기능도 크다고 생각한다. 실제로 내 삶에 도움이 되는 것을 느낀다. 운전을 하다 보면 화나게 하는 운전자들을 종종 만나게 된다. 급브레이크를 밟게 만들고, 확확 끼어드는 차를 만나면 화가 난다. 때로는 욱해서 소리라도 지르려고 창문을 내리다가도 '아 참, 나 목사지' 하며 다시 창문을 올린다. 이게 신분 의식이다. 누구와 싸우려고 하다가도 내 존재감, 내 정체성, 내 신분 의식이 떠오르면

저절로 해결되는 경험을 많이 했다. 이것이 신분 의식을 회복할 때 나타나는 놀라운 영향력이다. 이것이 자기 정체성이다.

우리에게 이런 품위, 하나님의 자녀로서의 정체성이 있는지 점검해야 한다. 그런 면에서 내가 두려워하는 성경 구절이 있다.

> 선장이 그에게 가서 이르되 자는 자여 어찌함이냐 일어나서 네 하나님께 구하라 혹시 하나님이 우리를 생각하사 망하지 아니하게 하시리라 하니라 욘 1:6

지금 선지자 요나가 하나님의 말씀에 불순종해서 하나님이 가라고 하신 니느웨와는 정반대 길인 다시스로 가는 배를 타고 도망가는 중이다. 그러다가 풍랑을 만나 죽을 고생을 하는 와중에 당황스러운 일을 만난다. 하나님의 사람 선지자 요나가 하나님을 믿지 않는 선장에게 꾸지람 듣고 있다.

비참한 상황 아닌가? 선지자라는 사람이 하나님을 믿지 않는 선장에게 똑바로 믿으라고 꾸지람을 듣는 상황이라니. 나는 이 장면을 상상하면서 하나님께 기도한다. 내 생애에는 이런 일이 일어나지 않게 해 달라고.

가슴 아프게도 한국 교회의 현실을 보면 요나서 1장 6절 말씀의 상황이 벌어질 때가 많다. 교회가 세상을 걱정해야 하는데 지금 세상이 교회를 걱정하는 현실이라고 비아냥거린다. 교회가 맛을 잃은 소금 같다고, 빛을 잃은 전구 같다고 손가락질 할 때 그리스도인으로서 우리 자존심이 무너져 내린다. 이런 현실을 직시하자. 그리고 다시 회복을 꿈꾸며 기도하자. 수치로 가득한 현실을 방치하지 말고 하나님께 구하자. 어떻게 하나님이 택한 선지자, 그것도 엄청난 사명을 가진 선지자 요나가 하나님 안 믿는 선장에게 이렇게 대놓고 꾸지람을 듣게 되었는지, 그 이유에 대해 철저한 분석과 자각을 가지도록 하자.

그리스도와의 신비한 연합

여기서 한 가지 주의해야 할 것이 있다. 우리가 죄와 싸우기 위해서는 그리스도인이라는 신분 의식을 회복해야 하지만, 그러나 이것이 주먹을 불끈 쥐면서 '한번 제대로 살아봐야지'라는 결의로만 연결되면 안 된다는 것이다. 그럼 이런 결의가 무엇으로 연결되어야 하는가? 로마서 6장의 구조에서 그 답을 찾을 수 있다. 로마서 6장을 보면 신분 의식이 무엇으로 연결되는가 하니까, 그리스도와의 연합으로 연결된다.

무릇 그리스도 예수와 합하여 세례를 받은 우리는 그의 죽으심과 합하여 세례를 받은 줄을 알지 못하느냐 롬 6:3

그리스도의 십자가로 하나님의 자녀가 되었다는 신분 의식이 회복된 사람들은 죄와 싸우되 더 이상 홀로 싸우는 인생이 아니라 날 위해 십자가 지신 그리스도와 연합하여 그분과 함께 싸우는 인생이 되었음을 말한다.

그리스도와의 연합이 무엇인가? 로마서 6장에서 강조하는 그리스도와 연합이라는 것은, 예수님이 우리 죄 문제로 십자가를 지시고, 십자가에서 고통을 당하신 후에 '나는 내 할 일 다 했다. 이제는 네가 알아서 해라'라고 하지 않으시고, 십자가에서 죽은 그리스도께서 우리와의 신비로운 연합을 통해 우리 안에 내재해 계시고 우리와 함께 죄와 싸우는 일을 도우신다는 것이다. 그리고 성령님이 우리가 홀로 싸우지 않고 예수 그리스도를 의지하며 싸울 수 있도록 도우신다.

우리가 우리 스스로를 돌아보며 점검해야 할 것이 이것이다. 그리스도와 연합이라는 아름다운 영적 시스템을 무시하면 안 된다.

'난 나를 믿어. 이런 시스템은 필요 없어.'

이제 그리스도와의 연합을 통해 나 홀로 죄와 싸우는 것이 아니라 내 안에 계시는 예수 그리스도를 의지하며 그 분과 함께 싸우는 것이 얼마나 크고 놀라운 능력을 가져다주는지를 경험해야 한다.

홀로 싸울 때엔 결코 맛보지 못했던 놀라운 능력을 삶에서 경험하게 되기를 바란다. 이런 태도를 가지는 것이 자기정체성을 가진 사람의 모습이다.

그래서 성경에는 그리스도인의 자기 정체성을 설명하는 구절이 많다.

내가 그리스도와 함께 십자가에 못 박혔나니 그런즉 이제는 내가 사는 것이 아니요 오직 내 안에 그리스도께서 사시는 것이라 이제 내가 육체 가운데 사는 것은 나를 사랑하사 나를 위하여 자기 자신을 버리신 하나님의 아들을 믿는 믿음 안에서 사는 것이라 갈 2:20

그리스도와의 연합을 의미하는 것 아닌가? 심지어 빌립보서 1장 1절에서 바울은 믿는 사람을 어떻게 규정하고 있는가?

그리스도 예수의 종 바울과 디모데는 그리스도 예수 안에서 빌립보에 사는 모든 성도와 또한 감독들과 집사들에게 편지하노니 빌 1:1

그리스도 예수 안에서 예수와 함께 사는 존재, 이렇게 규정짓고 있다. 그래서 내가 하나님의 자녀가 되었다는 신분 의식이 확인되는 순간 내 안의 시스템이 바뀌어야 한다. 홀로 운영하는 인생길이 아니라 내 안에 계시는 그리스도와의 연합, 그리스도와 더불어 가는 것이다. 이 사실을 기억하고 그리스도와 함께 십자가를 졌고 그리스도 함께 살아났으며 그리스도와 함께 죄와 더불어 싸우는 믿음의 사람들이 되기를 바란다.

두 번째로, 죄와 싸워 이기기 위해서 기억해야 하는 것은, '결과의 심각성'을 직시해야 한다는 사실이다.

본문에서 강조하는 것이 무엇인가? 하나님이 우리에게 자유의지를 주셨다는 것이다. 얼마나 감사한 일인가. 하나님은 우리를 로봇 취급하지 않으신다. 태엽 감아주는 로봇처럼 살라고 하지 않으시고 우릴 인격체로 대해주신다. 그게 바로 19절에 나오는 내용이다.

> 너희 육신이 연약하므로 내가 사람의 예대로 말하노니 전에 너희가
> 너희 지체를 부정과 불법에 내주어 불법에 이른 것같이 이제는 너희
> 지체를 의에게 종으로 내주어 거룩함에 이르라 롬 6:19

여기 두 번에 걸쳐 나오는 '내주어'라는 말이 무엇을 의미하는가? 선택권을 줬다는 것이다. 우리가 악을 선택해서 죄의 자리에 빠지든지, 우리가 의를 선택해서 하나님의 자녀다운 삶을 살든지 모든 권한을 우리에게 주셨는데, 중요한 게 무엇인가? 네가 선택하되, 네 선택에 책임을 지라는 것이다. 굉장히 중요한 영적인 원리이다.

그래서 나는 젊은이들에게 전도서 11장 9절을 꼭 소개하고 싶다.

> 청년이여 네 어린 때를 즐거워하며 네 청년의 날들을 마음에 기뻐하
> 여 마음에 원하는 길들과 네 눈이 보는 대로 행하라 그러나 하나님

이 이 모든 일로 말미암아 너를 심판하실 줄 알라 전 11:9

이 균형을 잘 잡는 게 청년들이 해야 하는 일이다. 젊음을, 하나님이 주신 풍성한 인생을 원하는 대로 누리라. 기뻐하라. 즐거워하라. 어떤 제한도 없다. 모든 자유를 우리에게 다 주셨다. 그러나 우리가 선택한 것에 대한 책임은 반드시 우리가 지게 되어 있다. 이것이 인생의 법칙이다.

우리는 선택한 것의 지배를 받는다

그러면 우리가 선택한 것에 대하여 어떤 책임을 져야 하는가? 우리는 선택의 결과를 왜 두려워해야 하는가? 두 가지로 정리해봤다. 첫째로, 우리는 우리가 선택한 것에 대한 지배를 받게 되어 있다는 것이다. 말씀을 다시 보자.

너희 자신을 종으로 내주어 누구에게 순종하든지 그 순종함을 받는 자의 종이 되는 줄을 너희가 알지 못하느냐 롬 6:16

내가 선택하는 것에 영향을 받는다. 그것에 지배받는다. 지금 우리는 누구의 영향을 받고 사는가? 그게 우리가 택한 것이다. 미국의 작가 스콧 피츠제럴드가 했던 유명한 말이 있다.

"처음엔 당신이 술을 마시고, 다음에는 술이 술을 마시고, 그 후에는 술이 당신을 마신다."

이 말이 아니라도 어른들이 하는 이와 비슷한 말을 어릴 때 많이 들었다. 나중에는 '술이 당신을 마신다'는 의미가 무엇인가? 내가 술을 선택했더니 술의 지배를 받더라는 이야기 아닌가.

이것은 죄 문제도 마찬가지다. 탈무드에 이런 말이 있다.

"죄악은 처음에는 손님처럼 겸손하지만, 그대로 두면 주인 행세를 한다."

죄의 유혹은 손님처럼 달콤하다. 죄의 유혹은 끊을 수 없는 매력으로 다가온다. 그러나 내가 그것을 선택하는 순간 죄가 내 주인 노릇을 하게 된다. 오늘 이 시대에 일어나는 일들을 한번 보라.

언젠가 신문에서 흥미로운 기사 제목을 본 적이 있다.

"기껏 무료 와이파이를 깔았더니… 대부분 포르노 사이트 접속."

무슨 내용인가 봤더니 구글과 페이스북에서 이동통신망이 잘 갖춰지지 않은 저개발 국가에 무료 와이파이 통신망을 깔아주는 사업을 시행했는데, 한 기차역에 설치한 무료 와이파이 사용 데이터를 분석한 결과 사람들이 포르노 사이트에 가장 많이 접속했다는 결과가 나왔다는 것이다.

이것이 현실이다. 이것이 죄의 권세에 끌려 다니는 현대인들의 모습이다. 당신은 무엇에 끌려다니고 있는가? 그것이 당신이 선택한 것에 대한 결과이다.

만일 당신이 지금 그리스도의 은혜의 영향을 받고 있다면 당신이 그걸 선택했기 때문이다. 반대로 죄 된 습관에 끌려 다닌다면, 이것 또한 당신이 그것을 선택했기 때문이다.

오늘 이 시대가 얼마나 가슴이 아픈가? 미국에 사는 신혼부부가 이혼을 하게 됐다. 신실한 부부였는데, 어쩌다 이렇게 되었을까 마음이 아팠다. 그런데 남편이 책임감이 강한 사람이라 아이들에게 너무 미안해했다. 아빠가 너무 미안해하자 초등학교에 다니는 아들이 이런 말을 했다고 한다.

"아빠, 괜찮아. 우리 반에 부모님이 이혼한 애들이 반이 넘어."

아빠를 위로해주는 그 어린아이가 대견하면서도 그 통계가 마음이 아팠다. 세상이 어쩌다가 이렇게 되었을까? 우리가 선택한 것에 대한 결과다. 엄청난 성적인 죄악을 선택했더니 가정이 붕괴하는 죄의 올무에 놓여 있는 현실이라는 것이다. 그래서 우리가 선택을 두려워해야 한다.

선택에 대한 결말을 두려워하라

또한 둘째로 우리는 우리가 선택한 것에 대한 결말을 두려워해야 한다. 16절의 결말을 보라.

"죄의 종으로 사망에 이르고."

이게 죄의 유혹을 선택한 사람들의 결말이다. 그런가 하면 22절의 결말은 어떤가?

> 너희가 그 때에 무슨 열매를 얻었느냐 이제는 너희가 그 일을 부끄러
> 워하나니 이는 그 마지막이 사망임이라 그러나 이제는 너희가 죄로
> 부터 해방되고 하나님께 종이 되어 거룩함에 이르는 열매를 맺었으니
> 그 마지막은 영생이라 롬 6:21,22

이 결말의 차이를 알겠는가? 우리가 잘 아는 23절도 마찬가지다.

> 죄의 삯은 사망이요 하나님의 은사는 그리스도 예수 우리 주 안에 있
> 는 영생이니라 롬 6:23

그런데 여기서 중요한 게 무엇인가 하면, 23절 말씀에 "죄의 삯은
사망이요"라고 했는데, 여기서 '삯'은 원어로 보면 군인의 생계비와
관련된 단어이다. 그래서 여기 나오는 삯을 우리말로 하면 '배급,
지급, 보상'이란 뜻으로 번역할 수 있다. 그러니까 여기 나오는 삯
이라는 단어는 명령에 순종한 대가로 주어진 결과물이라는 것이다.
내가 죄에 순종하면 사망이라는 결과물이 나온다. 내 행위의 대가
인 것이다.

그런데 그다음 나오는 '하나님의 은사'를 영어 성경에서 보면
'gift'(선물)라는 단어를 써서 'the gift of God'(하나님의 선물)이라고

한다. 그 앞에는 '삯'이라는 행위의 대가 지불을 뜻하는 단어를 사용하는데, 영생을 설명할 때는 왜 'gift'라는 단어를 쓰는가? 이것이 중요하다.

내가 의의 종이 된 것, 하나님이 나를 의의 종으로 삼으신 것은 삯으로 얻은 게 아니라 선물로 얻게 된 것이다. 그 결과로 영생을 얻게 된 것도 내 삯으로 얻은 것이 아니라 선물로 얻게 되었다.

이 사실을 자각하는 것이 왜 중요한가? 내 행위로 얻게 된 구원이라면 뺏길 염려가 있다. 내 행위가 나빠지면 뺏길 수 있는 것 아닌가? 하지만 빼앗길 수 없는 하나님의 선물, 내 행위와 상관없이 자격 없는 자에게 선물로 주신 구원의 은혜이기 때문에 우리는 나의 어떠함과 상관없이 그 은혜를 빼앗기지 않는다. 이것을 의식하고 죄와 싸운다면 얼마나 강한 확신으로 싸울 수 있겠는가? 이런 점에서 나는 이 찬양 가사를 마음에 품기 원한다.

'때로는 넘어져도 최후 승리를 믿노라.'

이 찬양 가사와 함께 꼭 기억해야 할 말씀이 있다.

누가 우리를 그리스도의 사랑에서 끊으리요 환난이나 곤고나 박해나 기근이나 적신이나 위험이나 칼이랴 기록된 바 우리가 종일 주를 위하여 죽임을 당하게 되며 도살 당할 양 같이 여김을 받았나이다 함과 같으니라 그러나 이 모든 일에 우리를 사랑하시는 이로 말미암아 우리가 넉넉히 이기느니라 롬 8:35-37

37절에 나오는 '그러나'는 그 앞에 나오는 35,36절에 나오는 두려움을 끊어내는 차원의 접속사이다.

어떤 두렵고 위험한 상황에 직면한다 하더라도 승리에 대한 확신을 가질 수 있는 근거는 '그러나 이 모든 일에 우리를 사랑하시는 이로 말미암아'이다.

그다음도 보자.

내가 확신하노니 사망이나 생명이나 천사들이나 권세자들이나 현재 일이나 장래 일이나 능력이나 높음이나 깊음이나 다른 어떤 피조물이라도 우리를 우리 주 그리스도 예수 안에 있는 하나님의 사랑에서 끊을 수 없으리라 롬 8:38,39

우리가 하나님 앞에 확신을 갖고 싸울 때 그리고 확신을 가지고 나아갈 때, 내 현실은 부끄럽지만 한 청년이 보내준 빨간 편지 봉투를 한 번씩 꺼내 보면서 젊은이들 앞에서 절대 부끄러운 목사가 되지 않겠다는 소망을 가지고 죄와 싸울 때, 이것이 내 인생에 얼마나 큰 확신과 기쁨이 되겠는가?

나는 우리의 구원이 삯으로 얻은 것이 아니라 자격 없는 자에게 주시는 하나님의 선물, 십자가를 통해 얻은 영적인 선물임을 확신하고, 최후 승리를 확신하게 되기를 간절히 바란다.

그래서 죄악이 넘치는 세상 한가운데서도 이제는 우리를 살리신 예수 그리스도의 은혜의 다스림을 받는 자로서 피 흘려 죽기까지 죄와 싸워 승리하는 우리가 되기를, 그 은혜로 매일매일 새롭게 사는 우리 모두가 되기를 간절히 바란다.

오늘, 새롭게 살 수 있는 이유

초판 1쇄 발행　2022년 12월 16일
초판 3쇄 발행　2022년 12월 28일

지은이　이찬수

펴낸이　여진구
책임편집　이영주
편집　최현수 안수경 김도연 김아진 정아혜
책임디자인　노지현 | 마영애 조은혜 이하은
홍보 · 외서　진효지
마케팅　김상순 강성민 허병용　　마케팅지원　최영배 정나영
제작　조영석 정도봉　　경영지원　김혜경 김경희 이지수

303비전성경암송학교 유니게과정　박정숙
이슬비전도학교 / 303비전성경암송학교 / 303비전꿈나무장학회

펴낸곳　규장

주소　06770 서울시 서초구 매헌로 16길 20(양재2동) 규장선교센터
전화　02)578-0003　팩스　02)578-7332
이메일　kyujang0691@gmail.com　　홈페이지　www.kyujang.com
페이스북　facebook.com/kyujangbook　　인스타그램　instagram.com/kyujang_com
카카오스토리　story.kakao.com/kyujangbook
등록일　1978.8.14. 제1-22

ⓒ 저자와의 협약 아래 인지는 생략되었습니다.
이 출판물은 저작권법에 의해 보호를 받는 저작물이므로 무단 전재와 무단 복제를 할 수 없습니다.

책값　뒤표지에 있습니다.
ISBN 979-11-6504-396-4 03230

규 | 장 | 수 | 칙

1. 기도로 기획하고 기도로 제작한다.
2. 오직 그리스도의 성품을 사모하는 독자가 원하고 필요로 하는 책만을 출판한다.
3. 한 활자 한 문장에 온 정성을 쏟는다.
4. 성실과 정확을 생명으로 삼고 일한다.
5. 긍정적이며 적극적인 신앙과 신행일치에의 안내자의 사명을 다한다.
6. 충고와 조언을 항상 감사로 경청한다.
7. 지상목표는 문서선교에 있다.

하나님을 사랑하는 자 곧 그의 뜻대로 부르심을 입은 자들에게는 모든 것이 合力하여 善을 이루느니라(롬 8:28)

Member of the
Evangelical Christian
Publishers Association

규장은 문서를 통해 복음전파와 신앙교육에 주력하는 국제적 출판사들의
협의체인 복음주의출판협회(E.C.P.A:Evangelical Christian Publishers
Association)의 출판정신에 동참하는 회원(Associate Member)입니다.